学ぶ人は、
変えて
ゆく人だ。

目の前にある問題はもちろん、
人生の問いや、
社会の課題を自ら見つけ、
挑み続けるために、人は学ぶ。
「学び」で、
少しずつ世界は変えてゆける。
いつでも、どこでも、誰でも、
学ぶことができる世の中へ。

旺文社

はじめに

英語学習において，どうして文法の学習が必要なのでしょう。「英文法」とはそもそも「英語のルールの集合体」のことで，「英文法がわかる」とは「複数の単語が，どうしてこの語順で，またどうしてこの形で並んでいるのか，そのルールがわかる」ことを意味します。このルールを知らずに英語を読んだり聞いたりしても，相手が伝えたい内容を正確に理解することはできません。ルールを無視してただ英単語を書き連ねたり言い重ねたりしても，相手はあなたの伝えたいことを正確に理解することはできません。しかし逆に言えば，「英語のルールを習得して，そのルールどおりに読んだり書いたりしていけば，英語を使えるようになる」ということです。最新の論文も歴史上の重要文書も英語を通して理解することができ，また英語を使う世界中の人たちとコミュニケーションをとることもできます。つまり英文法は，英語を学びやすく，また使いやすくしてくれるものであり，英語学習・英語運用の基本中の基本なのです。

とはいえ，日本語話者の私たちは，幼いころから英語を使う環境にない限り，英文法を難しいと感じてしまいます。１つ１つのルールはそれほど難しくなくても，一度に多くのルールを意識してしまうことで処理が追いつかず，難しいと感じるのです。では，どうすればよいか。１つ１つのルールを無意識，または無意識に近いレベルで使えるよう，反復練習することです。時間と労力はかかりますが，必ずできるようになります。

本書『はじめの英文法ドリル』では，同じ文法事項の類似した英文を，4 つのドリルを通じて反復練習することで，英文の文型や基本パターン，注意すべき文法事項や重要構文が自然と定着するように構成されています。できる限り声に出しながら，ドリルに書き込んでいってください。

ドリルを行ったあとは，二次元コードから音声を聞き，リピーティングやシャドーイング，音読などを行いましょう。リスニング対策にもなります。言語の発達は「音声」からです。音声面も強化しながら，英文法を学習してください。和文英訳や自由英作文の問題が志望校で出題される受験生は，ドリル 3・4 の和文を読んで，英訳する練習を繰り返し行いましょう。正しい文法と構文を意識しながら行えるので，本書は英作文の初歩トレーニングとしても最適です。また，英文法が苦手と言う受験生の答案を調べてみると，文法というよりイディオムや構文の知識が不十分なせいで得点が伸びていないことがあります。そこで本書では，入試によく出る表現を例文の中にできる限り組み込みましたので，語彙力の強化にも役立ちます。

本書で英文法の基礎を固めたあとは，多くの英文を読み，また耳にすることであなたの英語脳へのインプットを増やしてください。多くの英文を書き，また話すことでアウトプットも増やしてください。あなたの目標に向けて，あなたの英語力がすくすく伸びるよう心から祈ります。

丸田孝治（まるた・こうじ）

山口県出身。神戸市外国語大学卒業後，学習塾で働きながら名古屋大学大学院博士課程前期・後期を修了した後（専門は言語学），非常勤講師として名古屋大学，椙山女学園大学や愛知工業大学などで大学生に教鞭をとる傍ら，代々木ゼミナールで現役生・浪人生に受験指導を行う。@ Will（さなる予備校）の映像授業の制作・出演も手掛け，受験生からの多大な支持を受ける。人間教育にも携わりたいという強い想いから高校教員になることを決意。2016 年より愛知淑徳中学・高等学校教諭。

本書の特長と使い方

たくさん書くためのドリルがメインの学習書です。

Chapterの全体像をさっとつかむ

各 Chapter で取り組む項目を把握しましょう。基本的な知識をまとめて確認することもできます。

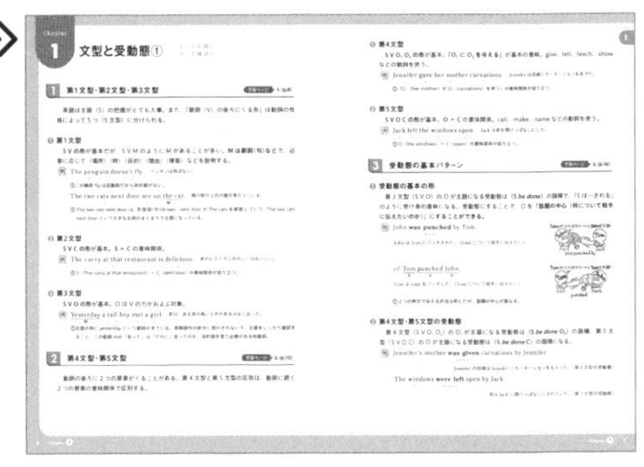

ドリルで書く・聞く!

各課のドリルは 4 つの異なる設問形式で構成されています。1 つのドリルにつき問題が 5 問ずつあり，各ドリルの(1)～(5)では，それぞれ同じかもしくは近しい内容の文法事項を取り上げています（例えば Chapter 1-1 の(1)ではドリル 1-4 を通して SV の文，(2)ではドリル 1-4 を通して SVC の文を扱っています）。ドリル 1-4 の英文は音声を聞くこともできます（利用法は次ページ参照）。1 課の目安は 15 分程度です。

ドリル 1　基本例文を書き写す

ドリル 2　基本問題に取り組む（空所補充など）

ドリル 3　英文を並べ替える（語順整序）

ドリル 4　英文を考えて書く（和文英訳）

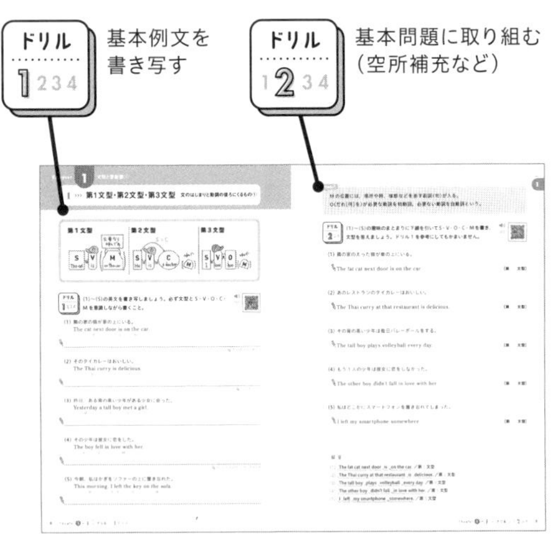

ドリル1は英文の書き写し問題のため，ページ下に解答は掲載していません。

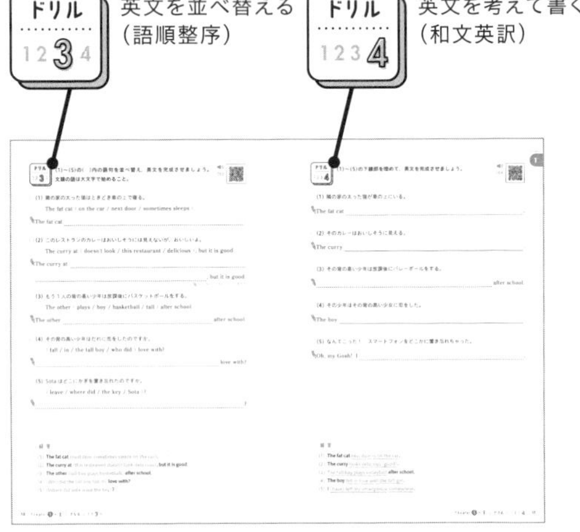

入試実戦演習　大学入試問題にチャレンジ!

仕上げに大学入試過去問題に取り組んで，入試対策の基礎力がついたことを確認しましょう。入試問題は原典の様式を尊重して掲載していますが，編集上の都合により，設問文や選択肢の記号など，一部の表記を本書内で統一している箇所もあります。

本書で使う記号

S…主語　**V**…述語動詞　**O**…目的語　**C**…補語　**M**…修飾語（句）

to *do*…to不定詞　*do*…動詞の原形　*doing*…分詞／動名詞　*done*…過去分詞　*A*，*B*…任意の名詞

（ ）…省略可能　［ ］…言い換え可能　名形動副前…単語の品詞

付属サービスの利用法――音声・英文リスト

本書の音声は，各ページの二次元コード，特典サイト，旺文社公式リスニングアプリ「英語の友」（iOS/Android）から無料で聞くことができます。
また，本書で学ぶ英文をまとめたPDFを特典サイト上でダウンロードすることができます。

二次元コードで音声を聞く

各ページの二次元コードをスマートフォン・タブレットで読み込んで，音声を再生することができます。

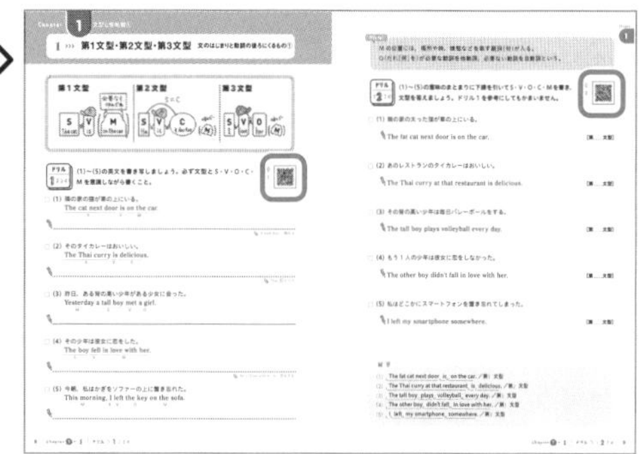

特典サイトで音声を聞く・英文リストをダウンロードする

1 パソコンからインターネットで専用サイトにアクセス

URL：https://service.obunsha.co.jp/tokuten/hajime/

2 『はじめの英文法ドリル』をクリック

3 パスワード「**hajimeg**」をすべて半角英数字で入力

・**音声ファイル**をダウンロード（またはウェブ上で再生）

・**ドリル1-4の英文リスト**をダウンロード

注意　スマートフォンやタブレットでは音声をダウンロードできません。 ▶ダウンロードについて：音声ファイルはMP3形式です。ZIP形式で圧縮されていますので，解凍（展開）して，MP3を再生できるデジタルオーディオプレーヤーなどでご活用ください。解凍（展開）せずに利用されると，ご使用の機器やソフトウェアにファイルが認識されないことがあります。デジタルオーディオプレーヤーなどの機器への音声ファイルの転送方法は，各製品の取り扱い説明書などをご覧ください。 ▶音声を再生する際の通信料にご注意ください。 ▶ご使用機器，音声再生ソフトなどに関する技術的なご質問は，ハードメーカーもしくはソフトメーカーにお願いします。 ▶本サービスは予告なく終了することがあります。

旺文社公式リスニングアプリ「英語の友」（iOS/Android）で音声再生

1 「英語の友」公式サイトよりアプリをインストール
右の二次元コードから読み込めます。

URL：https://eigonotomo.com/

2 ライブラリより『はじめの英文法ドリル』を選び，「追加」ボタンをタップ

注意　▶本アプリの機能の一部は有料ですが，本書の音声は無料でお聞きいただけます。 ▶アプリの詳しいご利用方法は「英語の友」公式サイト，あるいはアプリ内のヘルプをご参照ください。 ▶本サービスは予告なく終了することがあります。

目次 CONTENTS

はじめに …… 1

本書の特長と使い方 …… 2

付属サービスの利用法―音声・英文リスト …… 3

Chapter 1 文型と受動態① …… 6

1 第1文型・第2文型・第3文型 ―文のはじまりと動詞の後ろにくるもの① …… 8

2 第4文型・第5文型 ―文のはじまりと動詞の後ろにくるもの② …… 12

3 受動態の基本パターン ―受動態の基本の形, 第4文型・第5文型・群動詞の受動態 …… 16

Chapter 2 文型と受動態② …… 20

1 第5文型の複雑なパターン① ― SVO to *do*... *vs.* SVO *do*... …… 22

2 第5文型の複雑なパターン② ― SVO *doing*... *vs.* SVO *done*... …… 26

3 受動態のさまざまなパターン ― 第3文型(SVOM)・〈SVO to *do*...〉・使役動詞・知覚動詞の受動態 …… 30

Chapter 3 時制 …… 34

1 時制① ― 現在形と現在進行形 …… 38

2 時制② ― 過去形と過去進行形, 未来の表現 …… 42

3 時制③ ― 現在完了形と現在完了進行形, 未来完了形 …… 46

4 時制④ ― 過去形 *vs.* 過去完了形 …… 50

入試実戦演習① …… 54

Chapter 4 助動詞 …… 56

1 助動詞① ― 助動詞+*do*... …… 58

2 助動詞② ― 助動詞+have *done*... …… 62

Chapter 5 接続詞と疑問詞 …… 66

1 名詞節をつくる接続詞 ― 名詞の働きをする〈接続詞+S' V' ...〉 …… 68

2 疑問詞 ― 疑問詞を使った疑問文と間接疑問文 …… 72

3 副詞節をつくる接続詞① ―「時」を表す副詞の働きをする〈接続詞+S' V' ...〉 …… 76

4 副詞節をつくる接続詞② ―「条件」を表す副詞の働きをする〈接続詞+S' V' ...〉 …… 80

5 副詞節をつくる接続詞③ ―「原因・理由」などを表す副詞の働きをする〈接続詞+S' V' ...〉 …… 84

Chapter 6 準動詞① ………… 88

1 to不定詞① — 名詞的用法と否定 ………… 90
2 to不定詞② — 形容詞的用法と副詞的用法 ………… 94
3 動名詞 — 名詞の働きをする*doing*... ………… 98

入試実戦演習② ………… 102

Chapter 7 準動詞② ………… 104

1 to不定詞と動名詞① — 目的語になるto不定詞 *vs*. 動名詞 ………… 106
2 to不定詞と動名詞② — 受動態と完了形 ………… 110
3 分詞① — 形容詞的用法と分詞形容詞 ………… 114
4 分詞② — 分詞構文 ………… 118

Chapter 8 関係詞 ………… 122

1 関係代名詞① — 主格・目的格 ………… 124
2 関係代名詞② — 非制限用法・所有格・what ………… 128
3 関係代名詞③・関係副詞 — 〈前置詞＋関係代名詞〉・関係副詞 ………… 132
4 連鎖関係代名詞・複合関係詞 ………… 136

入試実戦演習③ ………… 140

Chapter 9 比較 ………… 142

1 比較① — 原級を用いた比較表現 ………… 144
2 比較② — 比較級を用いた比較表現 ………… 148
3 比較③ — 最上級と比較の重要表現 ………… 152

Chapter 10 仮定法・強調・倒置 ………… 156

1 仮定法① — 仮定法の基本 ………… 158
2 仮定法② — 仮定法の重要構文① ………… 162
3 仮定法③ — 仮定法の重要構文② ………… 166
4 強調・倒置 ………… 170

入試実戦演習④ ………… 174

関係者一覧　組版：岩岡印刷株式会社／装丁・本文デザイン：株式会社しろいろ／表紙イラスト：©tibori — stock.adobe.com／
本文イラスト：株式会社ユニックス（島袋こずえ）／音声収録・編集：株式会社巧芸創作／音声サイト：牧野剛士／
編集協力：株式会社オルタナプロ／校正：Jason A. Chau，笠井喜生，大河恭子，白石あゆみ，渡邉聖子，関 花々，田中 恵／
編集担当：上原 英

Chapter

1 文型と受動態①

ドリルの前に
ざっと確認！

1 第1文型・第2文型・第3文型

学習ページ 1. (p.8)

英語は主語（S）の把握がとても大事。また，「動詞（V）の後ろにくる形」は動詞の性格によって5つ（5文型）に分けられる。

❶ 第1文型

SVの形が基本だが，SVMのようにMがあることが多い。**Mは副詞(句)など**で，必要に応じて〈場所〉〈時〉〈目的〉〈理由〉〈様態〉などを説明する。

例 The penguin (S) doesn't fly (V). ペンギンは飛ばない。

(!)この動詞 fly は自動詞だから目的語がない。

The two cats next door (S) are (V) on the car (M). 隣の家の2匹の猫が車の上にいる。

(!) The two cats next door は，形容詞(句)の two，next door が The cats を修飾していて，The two cats next door という大きな名詞のまとまりで主語になっている。

❷ 第2文型

SVCの形が基本。**S＝C**の意味関係。

例 The curry at that restaurant (S) is (V) delicious (C). あのレストランのカレーはおいしい。

(!) S（The curry at that restaurant）＝C（delicious）の意味関係が成り立つ。

❸ 第3文型

SVOの形が基本。OはVの力がおよぶ対象。

例 Yesterday (M) a tall boy (S) met (V) a girl (O). 昨日，ある背の高い少年がある少女に会った。

(!)主語の前に yesterday という副詞がきている。修飾語句の部分に惑わされないで，主語をしっかり確認すること。この動詞 met「会った」は「だれに」会ったのか，目的語を言う必要がある他動詞。

2 第4文型・第5文型

学習ページ 2. (p.12)

動詞の後ろに2つの要素がくることがある。第4文型と第5文型の区別は，動詞に続く2つの要素の意味関係で区別する。

❶ 第4文型

S V O_1 O_2 の形が基本。**「O_1 に O_2 を与える」**が基本の意味。give, tell, teach, show などの動詞を使う。

例 Jennifer(S) gave(V) her mother(O_1) carnations(O_2). Jennifer は母親にカーネーションをあげた。

ⓘ「O_1（her mother）が O_2（carnations）を持つ」の意味関係が成り立つ。

❷ 第5文型

S V O C の形が基本。**O = C** の意味関係。call, make, name などの動詞を使う。

例 Jack(S) left(V) the windows(O) open(C). Jack は窓を開けっぱなしにした。

ⓘ O（the windows）= C（open）の意味関係が成り立つ。

3 受動態の基本パターン

学習ページ 3. (p.16)

❶ 受動態の基本の形

第 3 文型（S V O）の O が主語になる受動態は〈**S *be done***〉の語順で,「S は…される」のように受け身の意味になる。受動態にすることで, O を**「話題の中心（何について相手に伝えたいのか）」にすることができる。**

例 John(S) **was punched**(*be done*) by Tom.

John は Tom にパンチされた。(John について相手に伝えたい)

cf. Tom(S) punched(V) John(O).

Tom は John をパンチした。(Tom について相手に伝えたい)

ⓘ 2 つの例文で伝える状況は同じだが, 話題の中心が異なる。

❷ 第4文型・第5文型の受動態

第 4 文型（S V O_1 O_2）の O_1 が主語になる受動態は〈**S *be done* O_2**〉の語順, 第 5 文型（S V O C）の O が主語になる受動態は〈**S *be done* C**〉の語順になる。

例 Jennifer's mother(S) **was given**(*be done*) carnations(O_2) by Jennifer.

Jennifer の母親は Jennifer にカーネーションをもらった。〈第 4 文型の受動態〉

The windows(S) **were left**(*be done*) open(C) by Jack.

窓は Jack に開けっぱなしにされていた。〈第 5 文型の受動態〉

1 >>> 第1文型・第2文型・第3文型 文のはじまりと動詞の後ろにくるもの①

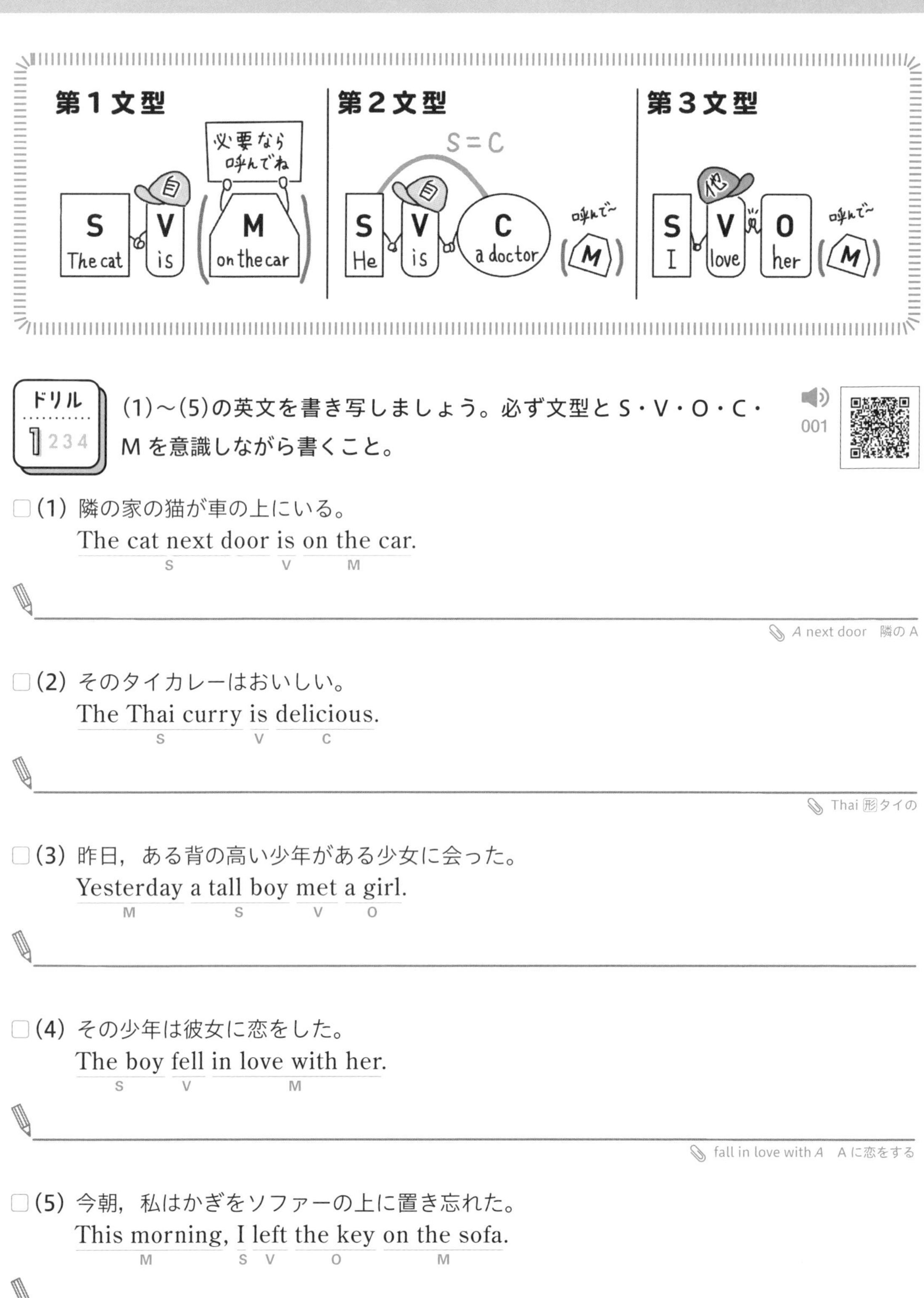

ドリル 1 2 3 4

(1)～(5)の英文を書き写しましょう。必ず文型とS・V・O・C・Mを意識しながら書くこと。

001

□ (1) 隣の家の猫が車の上にいる。

The cat next door (S) is (V) on the car. (M)

A next door 隣のA

□ (2) そのタイカレーはおいしい。

The Thai curry (S) is (V) delicious. (C)

Thai 形 タイの

□ (3) 昨日，ある背の高い少年がある少女に会った。

Yesterday (M) a tall boy (S) met (V) a girl. (O)

□ (4) その少年は彼女に恋をした。

The boy (S) fell (V) in love with her. (M)

fall in love with A A に恋をする

□ (5) 今朝，私はかぎをソファーの上に置き忘れた。

This morning, (M) I (S) left (V) the key (O) on the sofa. (M)

Hints!

Mの位置には，場所や時，様態などを表す副詞(句)が入る。
O(だれ[何]を)が必要な動詞を他動詞，必要ない動詞を自動詞という。

(1)～(5)の意味のまとまりに下線を引いてS・V・O・C・Mを書き，文型を答えましょう。ドリル1を参考にしてもかまいません。

002

□ (1) 隣の家の太った猫が車の上にいる。

The fat cat next door is on the car. [第___文型]

□ (2) あのレストランのタイカレーはおいしい。

The Thai curry at that restaurant is delicious. [第___文型]

□ (3) その背の高い少年は毎日バレーボールをする。

The tall boy plays volleyball every day. [第___文型]

□ (4) もう1人の少年は彼女に恋をしなかった。

The other boy didn't fall in love with her. [第___文型]

□ (5) 私はどこかにスマートフォンを置き忘れてしまった。

I left my smartphone somewhere. [第___文型]

解答

(1) $_{S}$The fat cat next door $_{V}$is $_{M}$on the car. ／第1文型
(2) $_{S}$The Thai curry at that restaurant $_{V}$is $_{C}$delicious. ／第2文型
(3) $_{S}$The tall boy $_{V}$plays $_{O}$volleyball $_{M}$every day. ／第3文型
(4) $_{S}$The other boy $_{V}$didn't fall $_{M}$in love with her. ／第1文型
(5) $_{S}$I $_{V}$left $_{O}$my smartphone $_{M}$somewhere. ／第3文型

(1)～(5)の(　)内の語句を並べ替え，英文を完成させましょう。
文頭の語は大文字で始めること。

003

□ (1) 隣の家の太った猫はときどき車の上で寝る。

The fat cat (on the car / next door / sometimes sleeps).

The fat cat ＿＿＿＿＿＿＿＿＿＿＿＿＿＿＿＿＿＿＿＿＿＿＿.

□ (2) このレストランのカレーはおいしそうには見えないが，おいしいよ。

The curry at (doesn't look / this restaurant / delicious), but it is good.

The curry at ＿＿＿＿＿＿＿＿＿＿＿＿＿＿＿＿＿＿＿＿＿＿＿

＿＿＿＿＿＿＿＿＿＿＿＿＿＿＿＿＿＿＿＿＿＿＿, but it is good.

S look C　S は C のように見える

□ (3) もう 1 人の背の高い少年は放課後にバスケットボールをする。

The other (plays / boy / basketball / tall) after school.

The other ＿＿＿＿＿＿＿＿＿＿＿＿＿＿＿＿＿＿＿＿ after school.

□ (4) その背の高い少年はだれに恋をしたのですか。

(fall / in / the tall boy / who did) love with?

＿＿＿＿＿＿＿＿＿＿＿＿＿＿＿＿＿＿＿＿＿＿＿＿ love with?

□ (5) Sota はどこにかぎを置き忘れたのですか。

(leave / where did / the key / Sota)?

＿＿＿＿＿＿＿＿＿＿＿＿＿＿＿＿＿＿＿＿＿＿＿＿＿＿＿＿?

解答

(1) The fat cat (next door sometimes sleeps on the car).
(2) The curry at (this restaurant doesn't look delicious), but it is good.
(3) The other (tall boy plays basketball) after school.
(4) (Who did the tall boy fall in) love with?
(5) (Where did Sota leave the key)?

(1)～(5)の下線部を埋めて，英文を完成させましょう。

□(1) 隣の家の太った猫が車の上にいる。

The fat cat ______________________________.

□(2) そのカレーはおいしそうに見える。

The curry ______________________________.

□(3) その背の高い少年は放課後にバレーボールをする。

______________________________ after school.

□(4) その少年はその背の高い少女に恋をした。

The boy ______________________________.

□(5) なんてこった！　スマートフォンをどこかに置き忘れちゃった。

Oh, my Gosh! I ______________________________.

解答

(1) The fat cat next door is on the car.
(2) The curry looks delicious [good].
(3) The tall boy plays volleyball after school.
(4) The boy fell in love with the tall girl.
(5) I (have) left my smartphone somewhere.

2 ››› 第4文型・第5文型 文のはじまりと動詞の後ろにくるもの②

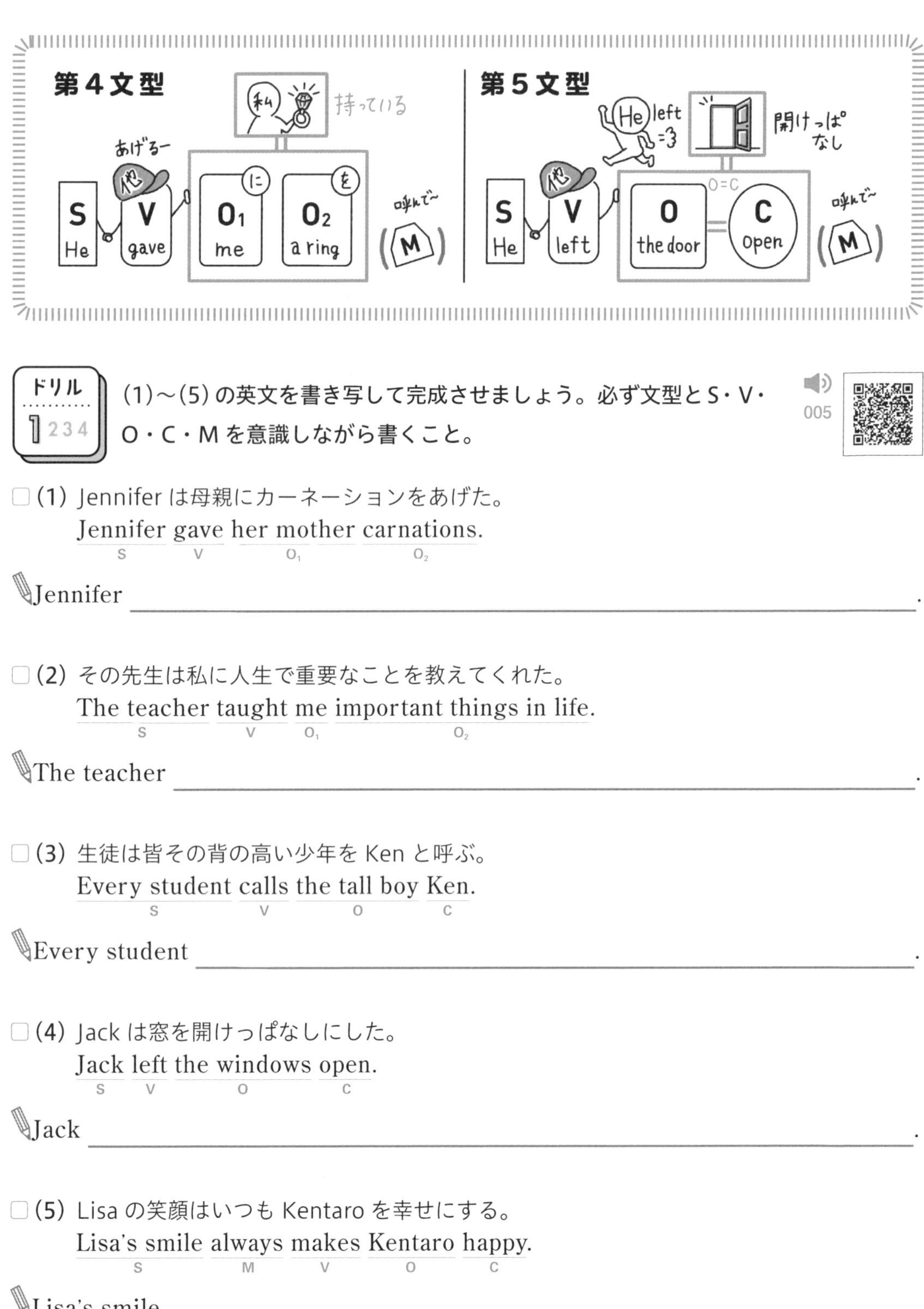

ドリル 1 2 3 4

(1)～(5) の英文を書き写して完成させましょう。必ず文型とS・V・O・C・M を意識しながら書くこと。

005

□ (1) Jennifer は母親にカーネーションをあげた。

Jennifer (S) gave (V) her mother (O_1) carnations (O_2).

Jennifer ＿＿＿＿＿＿＿＿＿＿＿＿＿＿＿＿＿＿＿＿.

□ (2) その先生は私に人生で重要なことを教えてくれた。

The teacher (S) taught (V) me (O_1) important things in life (O_2).

The teacher ＿＿＿＿＿＿＿＿＿＿＿＿＿＿＿＿＿＿＿＿.

□ (3) 生徒は皆その背の高い少年を Ken と呼ぶ。

Every student (S) calls (V) the tall boy (O) Ken (C).

Every student ＿＿＿＿＿＿＿＿＿＿＿＿＿＿＿＿＿＿＿＿.

□ (4) Jack は窓を開けっぱなしにした。

Jack (S) left (V) the windows (O) open (C).

Jack ＿＿＿＿＿＿＿＿＿＿＿＿＿＿＿＿＿＿＿＿.

□ (5) Lisa の笑顔はいつも Kentaro を幸せにする。

Lisa's smile (S) always (M) makes (V) Kentaro (O) happy (C).

Lisa's smile ＿＿＿＿＿＿＿＿＿＿＿＿＿＿＿＿＿＿＿＿.

Hints!

第 4 文型は「O_1 に O_2 を与える」の仲間。第 4 文型では「O_1 が O_2 を持つ」の意味関係を，第 5 文型では〈O=C〉の意味関係をしっかりイメージすること。

(1)～(5) の意味のまとまりに下線を引いて S・V・O・C・M を書き，文型を答えましょう。ドリル 1 を参考にしてもかまいません。

006

□ (1) Jennifer は母の日に，母親にピンクのカーネーションを送った。

On Mother's Day, Jennifer sent her mother pink carnations. ［第___文型］

□ (2) その歴史の先生は生徒たちにおもしろい話をする。

The history teacher tells her students interesting stories. ［第___文型］

□ (3) その生徒たちは彼らの先生に Super-T というあだ名をつけた。

The students nicknamed their teacher Super-T. ［第___文型］

nickname O C　O に C というあだ名をつける

□ (4) Jack の母親は窓が開いているのに気がついた。

Jack's mother found the windows open. ［第___文型］

find O C　O が C だとわかる［気がつく］

□ (5) Lisa の笑顔は彼女のまわりにいる皆を幸せにする。

Lisa's smile makes everyone around her happy. ［第___文型］

解答

(1) $_{M}$On Mother's Day, $_{S}$Jennifer $_{V}$sent $_{O_1}$her mother $_{O_2}$pink carnations. ／第 4 文型
(2) $_{S}$The history teacher $_{V}$tells $_{O_1}$her students $_{O_2}$interesting stories. ／第 4 文型
(3) $_{S}$The students $_{V}$nicknamed $_{O}$their teacher $_{C}$Super-T. ／第 5 文型
(4) $_{S}$Jack's mother $_{V}$found $_{O}$the windows $_{C}$open. ／第 5 文型
(5) $_{S}$Lisa's smile $_{V}$makes $_{O}$everyone around her $_{C}$happy. ／第 5 文型

(1)～(5) の(　)内の語句を並べ替え，英文を完成させましょう。
文頭の語は大文字で始めること。

007

□ (1) Jenniferは昨日，彼女の祖母にクリスマスカードを送った。

Jennifer (a Christmas / sent / her grandmother / card) yesterday.

Jennifer ______________________________ yesterday.

□ (2) その先生は生徒たちにおもしろい本を貸してあげている。

The teacher (books / interesting / her students / lends).

The teacher ______________________________.

□ (3) その家族はその子犬をMametaroと名づけた。

(Mametaro / the puppy / the family / named).

______________________________.

□ (4) 窓を開けっぱなしにしないでね。

(open / don't / the windows / leave).

______________________________.

□ (5) 何がKentaroを幸せにしますか。

(makes / what / happy / Kentaro)?

______________________________?

解答

(1) Jennifer (sent her grandmother a Christmas card) yesterday.
(2) The teacher (lends her students interesting books).
(3) (The family named the puppy Mametaro).
(4) (Don't leave the windows open).
(5) (What makes Kentaro happy)?

(1)～(5) の下線部を埋めて，英文を完成させましょう。

□ (1) Ann は母の日に，母親にカーネーション(carnations)をあげた。 (第 4 文型で)

Ann ______________________________ on Mother's Day.

□ (2) 私のおじは私に人生の重要なことを教えてくれた。

My uncle ______________________________ things in life.

□ (3) 生徒は皆その少年を Ken と呼んでいる。

Every student ______________________________.

□ (4) その少年は家を出るときに窓を開けっぱなしにした。

The ______________________________ when he left home.

□ (5) 君の笑顔は僕を幸せにする。

Your smile ______________________________.

解 答

(1) Ann gave her mother carnations on Mother's Day.

(2) My uncle taught me important things in life.

(3) Every student calls the boy Ken. ▶〈every＋名詞〉は単数扱いなので call に -s をつけ忘れないこと。

(4) The boy left the window(s) open when he left home.

(5) Your smile makes me happy.

3 ››› 受動態の基本パターン 受動態の基本の形,第4文型・第5文型・群動詞の受動態

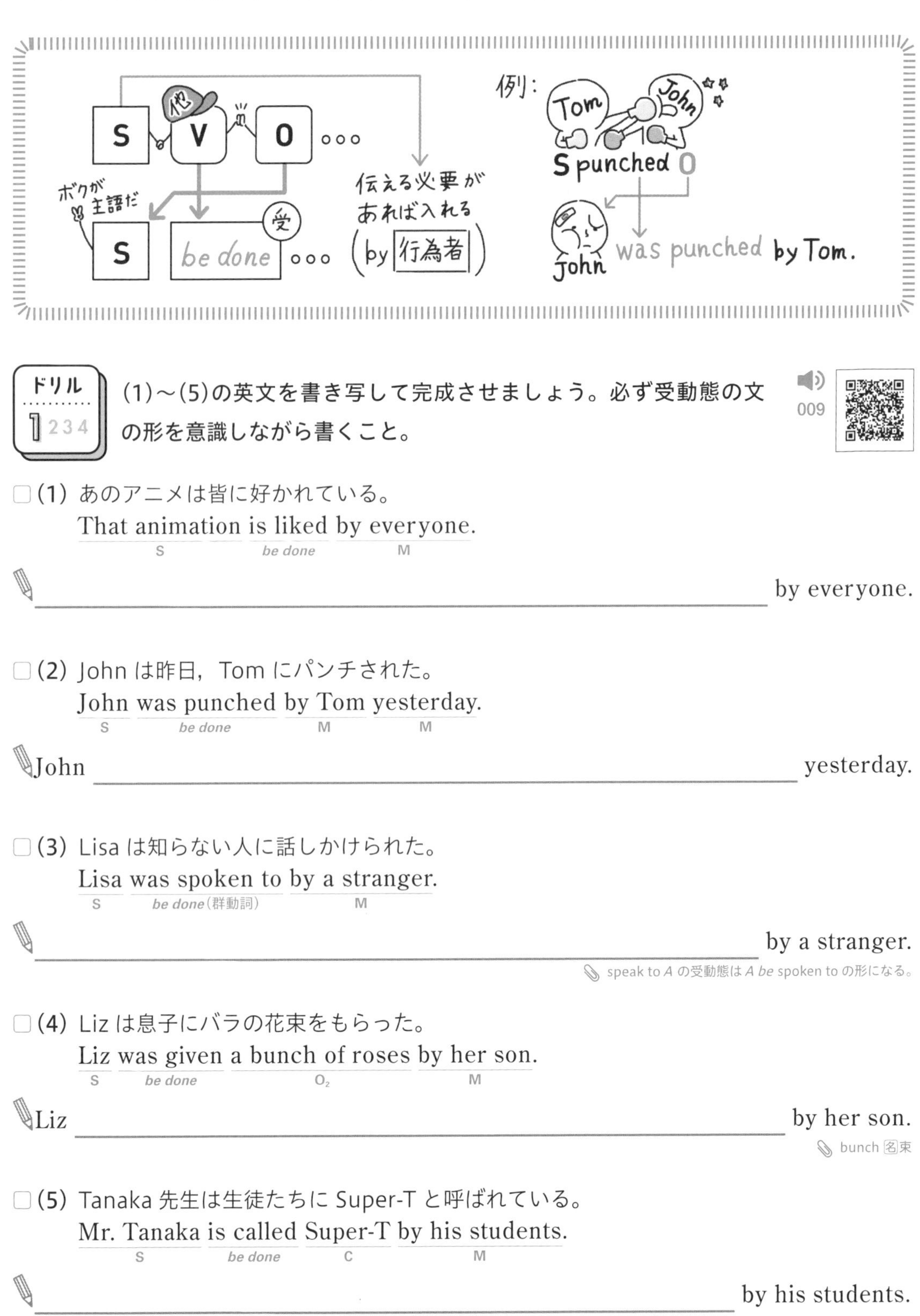

ドリル 1 2 3 4

(1)～(5)の英文を書き写して完成させましょう。必ず受動態の文の形を意識しながら書くこと。

009

□ (1) あのアニメは皆に好かれている。
That animation is liked by everyone.
S be done M

________________ by everyone.

□ (2) John は昨日，Tom にパンチされた。
John was punched by Tom yesterday.
S be done M M

John ________________ yesterday.

□ (3) Lisa は知らない人に話しかけられた。
Lisa was spoken to by a stranger.
S be done(群動詞) M

________________ by a stranger.

speak to *A* の受動態は *A be* spoken to の形になる。

□ (4) Liz は息子にバラの花束をもらった。
Liz was given a bunch of roses by her son.
S be done O_2 M

Liz ________________ by her son.

bunch 名 束

□ (5) Tanaka 先生は生徒たちに Super-T と呼ばれている。
Mr. Tanaka is called Super-T by his students.
S be done C M

________________ by his students.

Hints!

受動態は動作を受ける側(目的語)が話題の中心(主語)になった形。SVO$_1$O$_2$ の O$_1$ を主語にした受動態は S *be done* O$_2$, SVOC の受動態は S *be done* C となる。

(1)～(5)の英文を受動態の文に書きかえましょう。

010

□ (1) 皆そのアニメが大好きだ。➡ そのアニメは皆に愛されている。
Everyone loves the animation.

The animation ______________________ by everyone.

□ (2) Tom は昨日, John にパンチした。➡ John は昨日, Tom にパンチされた。
Tom punched John yesterday.

John ______________________ by Tom yesterday.

□ (3) その先生は Ken に話しかけた。➡ Ken はその先生に話しかけられた。
The teacher talked to Ken.

Ken ______________________ by the teacher.

talk to *A*　A に話しかける／talk to を 1 つの動詞のまとまりとして捉える。

□ (4) 彼は彼女に英文法を教えている。➡ 彼女は彼に英文法を教わっている。
He teaches her English grammar.

She ______________________ by him.

□ (5) 彼らは窓を開けっぱなしにした。➡ 窓は(彼らに)開けっぱなしにされていた。
They left the windows open.

The windows ______________________ (by them).

解 答

(1) The animation is loved by everyone.
(2) John was punched by Tom yesterday.
(3) Ken was talked to by the teacher.
(4) She is taught English grammar by him.
(5) The windows were left open (by them).

ドリル 1 2 3 4 (1)～(5)の( )内の語句を並べ替え，英文を完成させましょう。文頭の語は大文字で始めること。

011

□ (1) A: 僕，Lisa に嫌われているんじゃないかな。

B: 違うよ！ 彼女は君のことが好きだよ。

A: I wonder if I (am / hated / Lisa / by).

B: No! She likes you!

I wonder if I ______________________.

□ (2) John はそのボクシングの試合で Tom にノックアウトされた。

John (by / Tom / knocked out / was) in the boxing match.

John ______________________ in the boxing match.

knock out *A* A をノックアウトする／knock out を 1 つの動詞のまとまりとして捉える。

□ (3) 私は駅で外国人に話しかけられた。

I (spoken to / by / was / a foreigner) at the station.

I ______________________ at the station.

□ (4) Kate はボーイフレンドに指輪をもらった。

(was / Kate / a ring / given) by her boyfriend.

______________________ by her boyfriend.

□ (5) その家の窓はいつも開けっぱなしになっている。

The windows (open / left / are always / of the house).

The windows ______________________.

S always leave the windows of the house open. の下線部が主語になった受動態。

解答

(1) I wonder if I (am hated by Lisa).

(2) John (was knocked out by Tom) in the boxing match.

(3) I (was spoken to by a foreigner) at the station.

(4) (Kate was given a ring) by her boyfriend.

(5) The windows (of the house are always left open). ▶S *be* left open の語順。

(1)～(5)の下線部を埋めて，英文を完成させましょう。

012

□ (1) そのアニメ(animation)は世界中の人々に愛されている。

The ______________________________ people all over the world.

□ (2) John はチャンピオンにノックアウトされた。

John ______________________________ the champion.

□ (3) Ken は Lisa に話しかけられてうれしかった。

Ken was happy that he ______________________________ Lisa.

□ (4) 彼女は Maruta 先生に英文法(English grammar)を教わっている。

She ______________________________ by Mr. Maruta.

□ (5) 彼は皆に Ken と呼ばれている。

______________________________ by everyone.

解答

(1) The animation is loved by people all over the world.
(2) John was knocked out by the champion.
(3) Ken was happy that he was spoken [talked] to by Lisa.
(4) She is taught English grammar by Mr. Maruta.
(5) He is called Ken by everyone. ▶ He is は縮約形 He's も可。

Chapter 2 文型と受動態②

ドリルの前に
ざっと確認！

1 第5文型の複雑なパターン

❶ S V O to *do*... vs. S V O *do*...

学習ページ ▶ 1. (p.22)

(1) **S V O to *do*...**：O と to *do*... は**「O が…する」**の意味関係。頻出表現を覚えること。

tell [order] O to *do*...	O に…するよう言う[命令する]
ask O to *do*...	O に…するよう頼む
advise O to *do*...	O に…するよう忠告する
get O to *do*...	O に…させる
persuade O to *do*...	O を説得して…させる
force [compel] O to *do*...	O に(強制的に)…させる
allow [permit] O to *do*...	O が…するのを許す
enable O to *do*...	O が…するのを可能にする
want [would like] O to *do*...	O に…してほしい[してもらいたい]

例 Liz(S) asked(V) her son(O) **to tell** her the truth(C(to *do*...)).　Liz は息子に本当のことを言ってくれと頼んだ。

(2) **S V O *do*...**：O と *do*... は**「O が…する」**の意味関係。**使役動詞**と**知覚動詞**で用いる。

●**使役動詞**

make O *do*... (= force [compel] O to *do*...) ⓘ「O に強制的にさせる」イメージ。	O に…させる
have O *do*... ⓘ「O に料金を払うなどして，O がすべきことをしてもらう」イメージ。	O に…してもらう
let O *do*... (=allow [permit] O to *do*...) ⓘ「O がしたいことを，やりたいようにさせる」イメージ。	O が…するのを許す

例 My mother(S) made(V(使役動詞)) me(O) **clean** the living room(C(*do*...)).　私の母は私にリビングの掃除をさせた。

●**知覚動詞**　▶p.21「知覚動詞は□の意味関係に要注意！」

❷ S V O *doing*... vs. S V O *done*...

学習ページ ▶ 2. (p.26)

(1) **S V O *doing*...**：O と *doing*... は**「O が…している」**の意味関係。頻出表現を覚えること。

keep O *doing*...	O が…しているのを保つ
leave O *doing*...	O が…している状態を放っておく
find O *doing*...	O が…しているのがわかる

例 She(S) kept(V) me(O) **waiting**(C(*doing*)).　彼女は私が待っている状態を保った[彼女は私を待たせた]。

(2) **S V O *done*…**：O と *done*… は**「O が…される」**の意味関係。頻出表現を覚えること。

keep O *done*…	O が…されているのを保つ
leave O *done*…	O が…されている状態を放っておく
find O *done*…	O が…されるのがわかる
have O *done*…	O が…された状態を持つ ⇒ O を…される
make *oneself* understood in＋言語	言語で自分自身が理解される ⇒ 言語が通じる

例 I had my bag **stolen**. 私はバッグを盗まれた。
S V O C(*done*)

知覚動詞は［　］の意味関係に要注意！

S V(知覚動詞)	**O *do*…**	「S は	**O が…する**	のを知覚する」
	O *doing*…	「S は	**O が…している**	のを知覚する」
	O *done*…	「S は	**O が…される**	のを知覚する」

知覚動詞の例：see「見る」, watch「(動くものを)じっと見る」, hear「聞く」,
listen to「耳を傾ける」, feel「感じる」, observe「観察する」など

例 I felt my shoulder **touched**. 私は自分の肩がさわられるのを感じた。
S V O C(*done*)

2 受動態のさまざまなパターン

学習ページ 3. (p.30)

❶ 第3文型 (S V O M) の受動態

〈S V O M (前置詞＋名詞)〉の受動態は,〈**S *be done* M (前置詞＋名詞)**〉の語順。

例 Their boss **is informed** of any problems. 彼らの上司はいかなる問題も伝えられている。
S *be done* M

❷〈S V O to *do*…〉の受動態

〈S V O to *do*…〉の受動態は,〈**S *be done* to *do*…**〉の語順。

例 Tom **was forced to sign** the contract.
S *be done* C(to *do*…)
Tom はその契約書に強制的にサインさせられた［せざるを得なかった］。

❸〈S V (使役動詞・知覚動詞) O *do*…〉の受動態

使役動詞・知覚動詞の受動態は,〈**S *be done* to *do*…**〉のように *do*… が to *do*… になることに注意。

例 I **was made to cancel** my trip. 私は旅行をキャンセルせざるを得なかった。
S *be done* C(to *do*…)

1 ››› 第5文型の複雑なパターン① SVO to *do*... vs. SVO *do*...

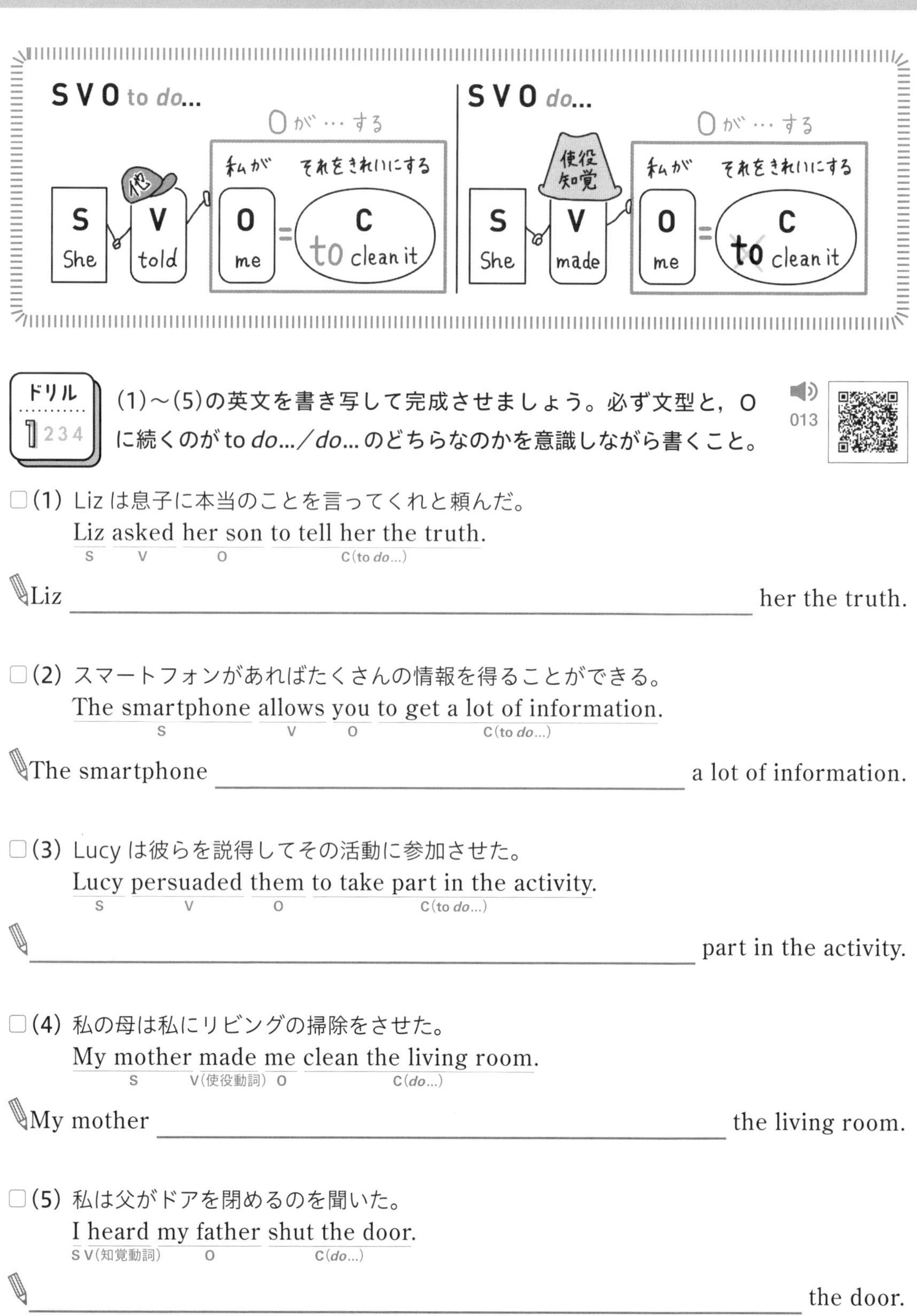

ドリル 1 2 3 4

(1)～(5)の英文を書き写して完成させましょう。必ず文型と，Oに続くのが to *do*...／*do*... のどちらなのかを意識しながら書くこと。

013

☐ (1) Lizは息子に本当のことを言ってくれと頼んだ。

Liz (S) asked (V) her son (O) to tell her the truth (C(to *do*...)).

Liz ＿＿＿＿＿＿＿＿＿＿＿＿＿＿＿＿ her the truth.

☐ (2) スマートフォンがあればたくさんの情報を得ることができる。

The smartphone (S) allows (V) you (O) to get a lot of information (C(to *do*...)).

The smartphone ＿＿＿＿＿＿＿＿＿＿＿＿＿＿＿＿ a lot of information.

☐ (3) Lucyは彼らを説得してその活動に参加させた。

Lucy (S) persuaded (V) them (O) to take part in the activity (C(to *do*...)).

＿＿＿＿＿＿＿＿＿＿＿＿＿＿＿＿ part in the activity.

☐ (4) 私の母は私にリビングの掃除をさせた。

My mother (S) made (V(使役動詞)) me (O) clean the living room (C(*do*...)).

My mother ＿＿＿＿＿＿＿＿＿＿＿＿＿＿＿＿ the living room.

☐ (5) 私は父がドアを閉めるのを聞いた。

I (S) heard (V(知覚動詞)) my father (O) shut the door (C(*do*...)).

＿＿＿＿＿＿＿＿＿＿＿＿＿＿＿＿ the door.

Hints!

Vの意味を押さえたあとに「Oが…する」の意味関係をしっかり把握することが大切。
使役動詞・知覚動詞はＳＶＯ *do*... の語順。

(1)～(5)の[　]内から英文に合う適切なものを選びましょう。

014

□ (1) Lisaの父親は彼女に全力を尽くせと言った。

Lisa's father told her [① do／② to do] her best.

□ (2) スマートフォンがあれば学生たちはいつでも英語の勉強ができる。

The smartphone enables students [① study／② to study] English anytime.

□ (3) 台風のせいで，私たちはその清掃活動を中止せざるを得なかった。

The typhoon forced us [① cancel／② to cancel] the cleanup activity.

□ (4) 私たちは家政婦さんに部屋の掃除をしてもらっている。

We have a housekeeper [① clean／② to clean] our rooms.

□ (5) 私たちは，私たちの先生が外国人の女性とハイタッチするのを見た。

We saw our teacher [① do／② to do] a high five with a foreign woman.

do a high five with *A*　Aとハイタッチする(英語ではhigh touchとは言わない。両手の場合はdo a high ten)

解答

(1) ②　▶tell *A* to *do*...「Aに…するよう言う」

(2) ②　▶S enable O to *do*...「SはOが…するのを可能にする[SがあればOは…できる]」 Sが無生物主語の文。

(3) ②　▶S force O to *do*...「Sは強制的にOに…させる[SのせいでOは…せざるを得ない]」 Sが無生物主語の文。

(4) ①　▶使役動詞 have *A* *do*...「Aに…してもらう」

(5) ①　▶知覚動詞 see *A* *do*...「Aが…するのを見る」

(1)～(5)の(　)内の語句を並べ替え，英文を完成させましょう。ただし，不要な語句が１つあります。

☐ (1) Jack の父親は彼に全力を尽くしなさいとアドバイスした。

Jack's father (him / do / to do / advised) his best.

Jack's father ________________ his best.

☐ (2) スマートフォンがあれば学生たちはその教材にアクセスできる。

The smartphone (enables / to access / access / students) the material.

The smartphone ________________ the material.

☐ (3) Lucy は私たちに，強制的にその活動に参加させた。

Lucy (us / to take / take / forced) part in the activity.

Lucy ________________ part in the activity.

☐ (4) 私たちは娘がしたいことをさせている。

We (our daughter / let / to do / do) what she wants to do.

We ________________ what she wants to do.

☐ (5) 私は何かが肩に触れるのを感じた。

I (touch / to touch / felt / something) my shoulder.

I ________________ my shoulder.

解 答

(1) Jack's father (advised him to do) his best. ▶advise *A* to *do*... の形。do が不要。

(2) The smartphone (enables students to access) the material. ▶enable *A* to *do*... の形。access が不要。

(3) Lucy (forced us to take) part in the activity. ▶force *A* to *do*... の形。take が不要。

(4) We (let our daughter do) what she wants to do. ▶使役動詞 let *A* *do*... の形。to do が不要。

(5) I (felt something touch) my shoulder. ▶知覚動詞 feel *A* *do*... の形。to touch が不要。

(1)～(5)の下線部を埋めて，英文を完成させましょう。

016

□ (1) Lisa の母親は彼女に全力を尽くしなさいとアドバイスした。

Lisa's mother advised ______________________.

□ (2) スマートフォンがあれば，私たちはたくさんの情報を得ることができる。

The smartphone ______________________ a lot of information.

□ (3) 先生は私たちを説得してその活動に参加させた。

The teacher persuaded ______________________ the activity.

□ (4) 私の母は私に自分の部屋の掃除をさせた。

My mother made ______________________.

□ (5) 私たちは彼が Lisa とハイタッチするのを見た。 (do a high five を使って)

We saw ______________________ with Lisa.

解 答

(1) Lisa's mother advised her to do her best.

(2) The smartphone allows [enables] us to get a lot of information. [The smartphone lets us get a lot of information.]

(3) The teacher persuaded us to take part in [participate in / join] the activity.

(4) My mother made me clean my room.

(5) We saw him do a high five with Lisa.

2 ››› 第5文型の複雑なパターン② SVO *doing*... vs. SVO *done*...

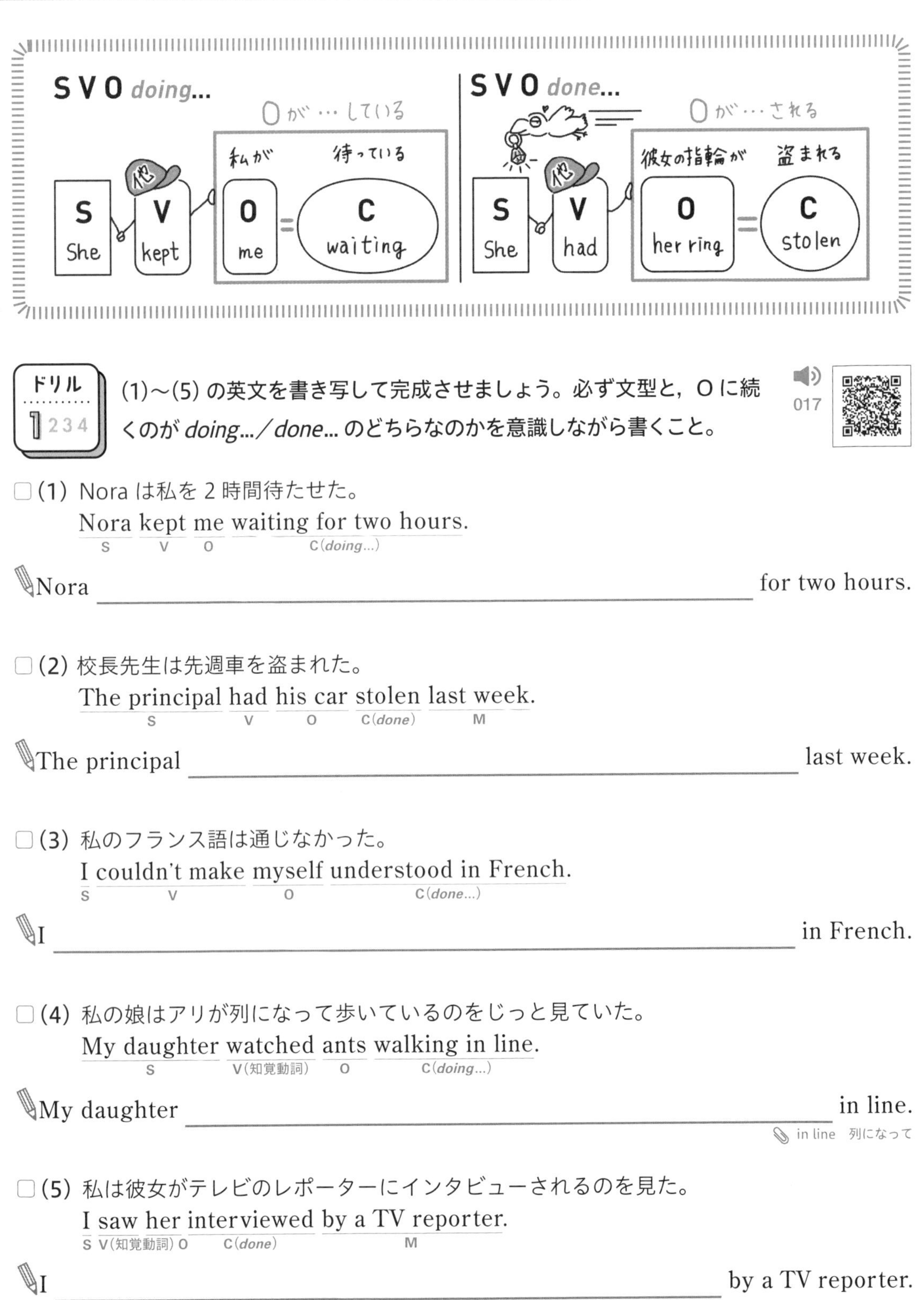

ドリル 1 2 3 4

(1)～(5) の英文を書き写して完成させましょう。必ず文型と，O に続くのが *doing*... ／ *done*... のどちらなのかを意識しながら書くこと。

017

□ (1) Nora は私を 2 時間待たせた。

Nora kept me waiting for two hours.
(S: Nora / V: kept / O: me / C(*doing*...): waiting for two hours)

Nora ____________________ for two hours.

□ (2) 校長先生は先週車を盗まれた。

The principal had his car stolen last week.
(S: The principal / V: had / O: his car / C(*done*): stolen / M: last week)

The principal ____________________ last week.

□ (3) 私のフランス語は通じなかった。

I couldn't make myself understood in French.
(S: I / V: couldn't make / O: myself / C(*done*...): understood in French)

I ____________________ in French.

□ (4) 私の娘はアリが列になって歩いているのをじっと見ていた。

My daughter watched ants walking in line.
(S: My daughter / V(知覚動詞): watched / O: ants / C(*doing*...): walking in line)

My daughter ____________________ in line.

in line 列になって

□ (5) 私は彼女がテレビのレポーターにインタビューされるのを見た。

I saw her interviewed by a TV reporter.
(S: I / V(知覚動詞): saw / O: her / C(*done*): interviewed / M: by a TV reporter)

I ____________________ by a TV reporter.

Hints!

「O が…している」のか「O が…される」のか，意味関係を把握することが大切。よく用いる表現も覚えてしまうとよい。

(1)～(5) の下線部の意味関係（O が…している／…される）を意識しながら，英文の和訳を完成させましょう。

018

□ (1) I found Ken waiting for someone.

私は，Ken が ______________________ のだとわかった。

□ (2) My brother had his precious handkerchief stolen.

兄は，彼の大切なハンカチが ______________________ 状態を持った。
（意訳：兄は，彼の大切なハンカチを盗まれた）

□ (3) He couldn't make himself heard by her.

彼は，彼自身が彼女に ______________________ 状態を作れなかった。
（意訳：彼の声は，彼女に届かなかった）

□ (4) Ken saw Lisa talking with a good-looking guy and got jealous.

Ken は，Lisa がイケメンと ______________________ のを見て嫉妬（しっと）した。

□ (5) We heard the window broken by someone.

私たちは，窓が ______________________ のを聞いた。

解答

(1) 私は，Ken がだれかを待っているのだとわかった。
(2) 兄は，彼の大切なハンカチが盗まれた状態を持った。
(3) 彼は，彼自身が彼女に聞かれる状態を作れなかった。 ▶ make *oneself* heard「（人）の声が届く」
(4) Ken は，Lisa がイケメンと話しているのを見て嫉妬した。
(5) 私たちは，窓がだれかに割られるのを聞いた。

(1)～(5) の(　)内の語句を並べ替え，英文を完成させましょう。

019

□ (1) 水を流しっぱなしにしないで。

Don't (running / water / the / leave).

Don't ______________________________.

leave *A doing*... Aが…している状態を放っておく

□ (2) 校長先生はネクタイピンをカラスに盗まれた。

The principal (his tiepin / stolen / by / had) the crow.

The principal ______________________________ the crow.

□ (3) Annaの声はだれにも届かなかった。

Anna (couldn't / herself / heard / make) by anyone.

Anna ______________________________ by anyone.

□ (4) その家政婦はその男が通りを渡っているのを見ましたか。

Did the housekeeper (see / the street / crossing / the man)?

Did the housekeeper ______________________________?

□ (5) 何かが外で壊されるのを聞きましたか。

Did (something / hear / broken / you) outside?

Did ______________________________ outside?

解答

(1) Don't (leave the water running). ▶このrunは「(水などが)流れる」の意味。

(2) The principal (had his tiepin stolen by) the crow.

▶The principal had stolen his tiepin .... とすると「校長先生が自分のネクタイピンを盗んだ」の意味になるためNG。

(3) Anna (couldn't make herself heard) by anyone.

(4) Did the housekeeper (see the man crossing the street)?

(5) Did (you hear something broken) outside?

(1)～(5) の下線部を埋めて，英文を完成させましょう。

□(1) Dan は彼女を 2 時間待たせた。

Dan kept ＿＿＿＿＿＿＿＿＿＿ two hours.

□(2) 父は旅行中にスーツケース(his suitcase)を盗まれた。

My father ＿＿＿＿＿＿＿＿＿＿ while traveling.

□(3) 私は英語が通じてうれしかった。

I was happy that I could ＿＿＿＿＿＿＿＿＿＿ in English.

□(4) Mei はアヒルの赤ちゃん(the baby ducks)が通りを渡っているのをじっと見ていた。

Mei watched ＿＿＿＿＿＿＿＿＿＿ the street.

□(5) 私は彼がテレビのレポーターにインタビューされるのを見た。

I ＿＿＿＿＿＿＿＿＿＿ a TV reporter.

解答

(1) Dan kept her waiting for two hours.

(2) My father had his suitcase stolen while traveling.

▶My father was stolen his suitcase はNGで，よくある間違い。My father was stolen. では「私の父が盗まれた」の意味になってしまう。

(3) I was happy that I could make myself understood in English.

(4) Mei watched the baby ducks crossing the street.

(5) I saw him interviewed by a TV reporter.

3 >>> 受動態のさまざまなパターン 第3文型(SVOM)・〈SVO to *do*...〉・使役動詞・知覚動詞の受動態

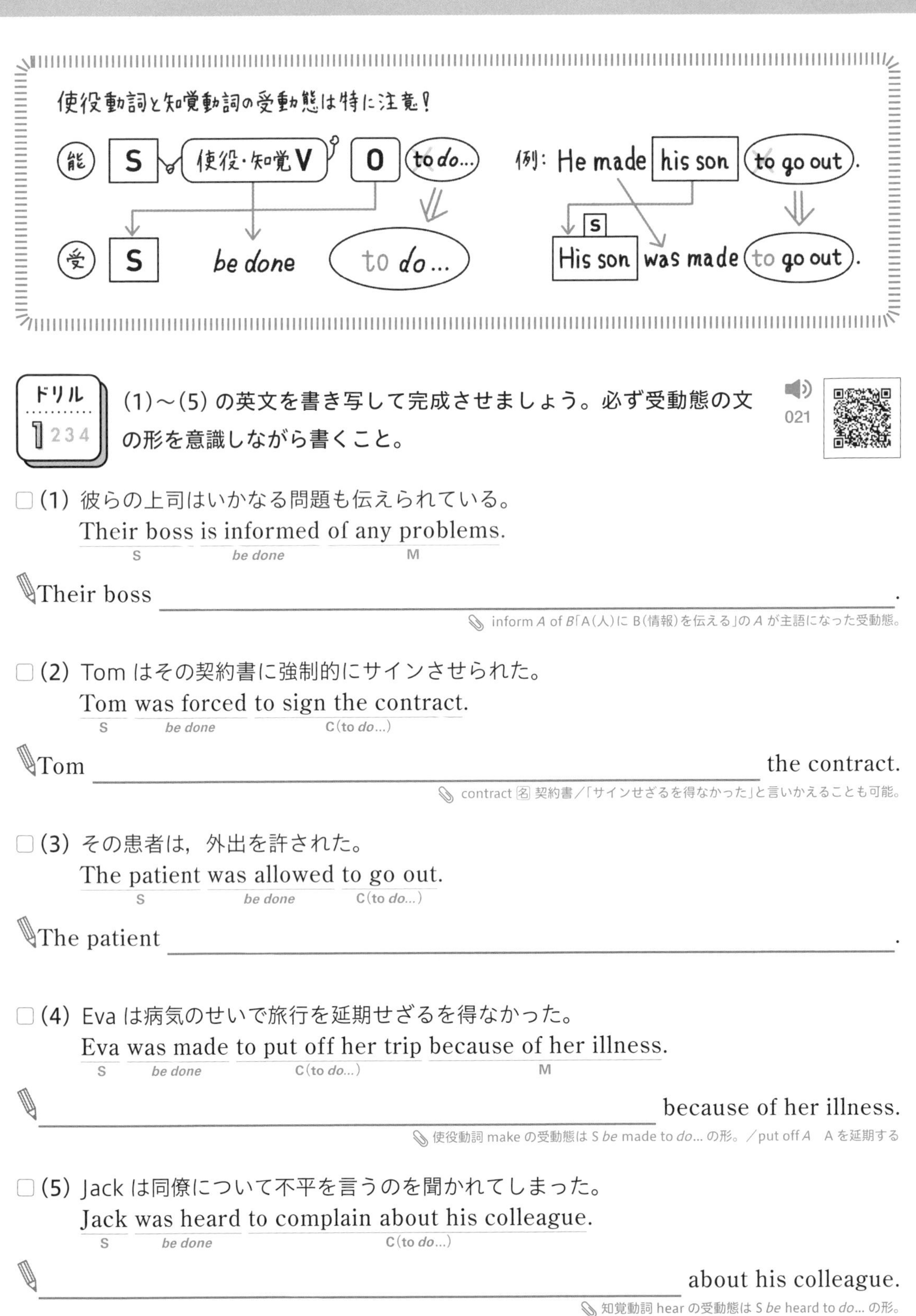

使役動詞と知覚動詞の受動態は特に注意!
能 S 使役・知覚V O to do...
受 S be done to do...
例: He made his son to go out.
His son was made to go out.

ドリル 1 2 3 4

(1)～(5) の英文を書き写して完成させましょう。必ず受動態の文の形を意識しながら書くこと。

021

□ (1) 彼らの上司はいかなる問題も伝えられている。
Their boss (S) is informed (*be done*) of any problems (M).

Their boss ＿＿＿＿＿＿＿＿＿＿＿＿＿＿＿＿.

inform *A* of *B*「A(人)に B(情報)を伝える」の *A* が主語になった受動態。

□ (2) Tom はその契約書に強制的にサインさせられた。
Tom (S) was forced (*be done*) to sign the contract (C(to *do*...)).

Tom ＿＿＿＿＿＿＿＿＿＿＿＿＿＿＿＿ the contract.

contract 名 契約書／「サインせざるを得なかった」と言いかえることも可能。

□ (3) その患者は，外出を許された。
The patient (S) was allowed (*be done*) to go out (C(to *do*...)).

The patient ＿＿＿＿＿＿＿＿＿＿＿＿＿＿＿＿.

□ (4) Eva は病気のせいで旅行を延期せざるを得なかった。
Eva (S) was made (*be done*) to put off her trip (C(to *do*...)) because of her illness (M).

＿＿＿＿＿＿＿＿＿＿＿＿＿＿＿＿ because of her illness.

使役動詞 make の受動態は S *be* made to *do*... の形。／put off *A*　A を延期する

□ (5) Jack は同僚について不平を言うのを聞かれてしまった。
Jack (S) was heard (*be done*) to complain about his colleague (C(to *do*...)).

＿＿＿＿＿＿＿＿＿＿＿＿＿＿＿＿ about his colleague.

知覚動詞 hear の受動態は S *be* heard to *do*... の形。

Hints!

使役動詞 make や知覚動詞の受動態の場合，C の位置にある *do*... が to *do*... になることに注意。

Chapter 2

(1)～(5) の英文を受動態の文に書きかえましょう。

022

□ (1) 彼らは彼にその顧客の名を思い出させた。➡ 彼はその顧客の名を思い出した。

They reminded him of the client's name.

He ＿＿＿＿＿＿＿＿＿＿＿＿＿＿＿＿ the client's name.

remind *A* of *B*「A(人)に B を思い出させる」の *A* が主語になった受動態。

□ (2) 彼らは Ian に強制的に 5 ドルの罰金を払わせた。

➡ Ian は 5 ドルの罰金を払わざるを得なかった。

They forced Ian to pay a fine of $5.

Ian ＿＿＿＿＿＿＿＿＿＿＿＿＿＿＿＿ of $5.

force *A* to *do*...「強制的に A(人)に…させる」の *A* が主語になった受動態。／fine 名罰金

□ (3) 彼は生徒にその部屋に入るのを許した。➡ その生徒は彼にその部屋に入るのを許された。

He allowed the student to enter the room.

The student ＿＿＿＿＿＿＿＿＿＿＿＿＿＿＿＿ the room by him.

□ (4) 彼女は息子に計画をあきらめさせた。➡ 息子は彼女に計画をあきらめさせられた。

She made her son give up the plan.

Her son ＿＿＿＿＿＿＿＿＿＿＿＿＿＿＿＿ the plan by her.

□ (5) 彼は Lily がその女性について不平を言うのを聞いた。

➡ Lily は彼にその女性について不平を言うのを聞かれてしまった。

He heard Lily complain about the woman.

Lily ＿＿＿＿＿＿＿＿＿＿＿＿＿＿＿＿ the woman by him.

解答

(1) He was reminded of the client's name. ▶S *be* reminded of *B* の形。of を忘れずに書くこと。

(2) Ian was forced to pay a fine of $5. ▶S *be* forced to *do*... の形。

(3) The student was allowed to enter the room by him. ▶S *be* allowed to *do*... の形。

(4) Her son was made to give up the plan by her. ▶S *be* made to *do*... の形。

(5) Lily was heard to complain about the woman by him. ▶S *be* heard to *do*... の形。

(1)～(5) の(　)内の語句を並べ替え，英文を完成させましょう。文頭の語は大文字で始めること。

□ (1) この歌を耳にすると，私は元カレのことを思い出す。

When I hear this song, I (reminded / my / am / of) ex-boyfriend.

When I hear this song, I ______________________ ex-boyfriend.

「元カレのことが思い出される」と言いかえることも可能。

□ (2) その戦争のせいで，彼らは国を離れることを余儀なくされた。

They (forced / leave / to / were) their country because of the war.

They ______________________ their country because of the war.

□ (3) 生徒はその部屋に入ることができない。

Students (to / are not / enter / allowed) the room.

Students ______________________ the room.

「入ることを許されない」と言いかえることも可能。

□ (4) Ann は病気のせいで，旅行をキャンセルせざるを得なかった。

Ann (cancel / made / was / to) her trip because of her illness.

Ann ______________________ her trip because of her illness.

□ (5) 彼は恋人の Kate とハイタッチをするのを見られた。

(to do / he / was / seen) a high five with his girlfriend, Kate.

______________________ a high five with his girlfriend, Kate.

解答

(1) When I hear this song, I (am reminded of my) ex-boyfriend.

(2) They (were forced to leave) their country because of the war.

(3) Students (are not allowed to enter) the room.

▶ do not allow O to *do*... の受動態は S *be* not allowed to *do*... で，「S は…することができない」の意味。

(4) Ann (was made to cancel) her trip because of her illness.

(5) (He was seen to do) a high five with his girlfriend, Kate.

(1)～(5) の下線部を埋めて，英文を完成させましょう。

□ (1) 校長先生は，学校でのいかなる出来事も伝えられている。 (inform を使って)

The principal ________________ any events at school.

□ (2) 彼らはその清掃活動に参加せざるを得なかった。

They were ________________ the cleanup activity.

□ (3) このページにアクセスすることはできません。 (allow を使って)

You ________________ access this page.

「アクセスすることは許可されていません」と言いかえることも可能。

□ (4) Luke はその計画をキャンセルせざるを得なかった。

Luke was ________________ the plan.

□ (5) Tanaka 先生は Kate とレストラン(the restaurant)に入るのを見られた。

Mr. Tanaka ________________ with Kate.

解 答

(1) The principal is informed of any events at school.
(2) They were forced [made / compelled] to take part in [participate in / join] the cleanup activity.
(3) You are not allowed to access this page. ▶ are not は縮約形 aren't も可。
(4) Luke was made [forced / compelled] to cancel the plan.
(5) Mr. Tanaka was seen to enter [go into] the restaurant with Kate.

Chapter

3 時制

ドリルの前に
ざっと確認！

1 現在形と現在進行形

学習ページ 1. (p.38)

❶ 現在形

現在を中心とした，時間の幅を持った期間における**状態**や**動作**を表す。

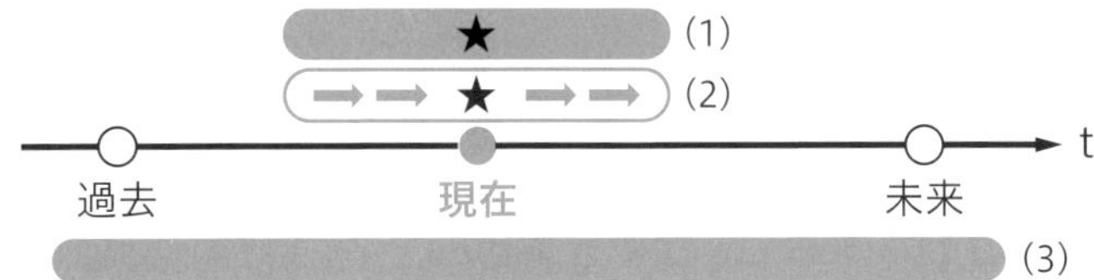

(1) ★をふくむ**現在の一定期間の状態**（現在の状態）

例 Kate **wants** a new smartphone.　Kate は新しいスマートフォン**を欲しがっている**。

(2) ★をふくむ**現在に繰り返される出来事**（現在の習慣）

例 Ryo **jogs** every morning.　Ryo は毎朝**ジョギングをする**。

(3) **変わることのない事実・真理**

例 The sun **rises** in the east.　太陽は東から**昇る**。

❷ 現在進行形

〈S is [am / are] *doing*...〉の形で，**現在の時点で進行している動作**などを表す。

①状態を表す動詞はふつう進行形にしない。

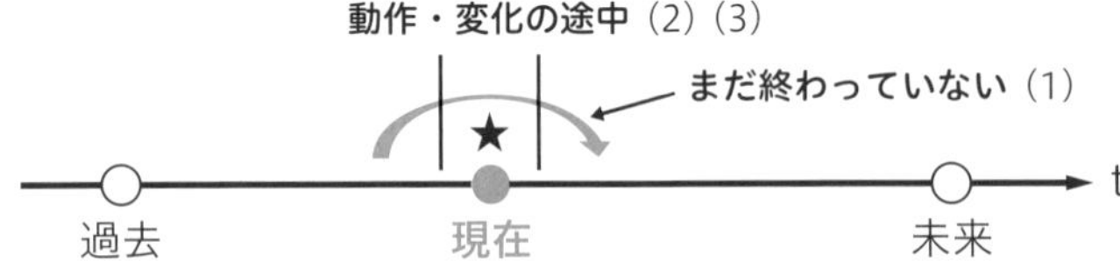

(1) ★で**現在まさに行われている**動作（まだ終わっていない）

例 The child **is drawing** a picture now.
その子は今，絵**を描いている**（＝まだ描き終わっていない）。

(2) ★をふくむ**現在の一定期間中に繰り返される**動作

例 Ken **is thinking** of Lisa these days.　Ken は最近，Lisa のことを**考えてばかりいる**。

① all day「一日中」，these days「最近」など期間を表す副詞や，always「いつも」など頻度を表す副詞がよく用いられる。

(3) ★をふくむ**現在の時点で変化の途中**である動作（近い未来を含意）

例 The battery **is dying**.　電池が**切れかけている**。　①近い未来に切れるだろうが，まだ切れていない。

2 過去形と過去進行形, 未来の表現

学習ページ 2. (p.42)

❶ 過去形

現在のこととは切り離された, **過去の状態や動作**を表す。

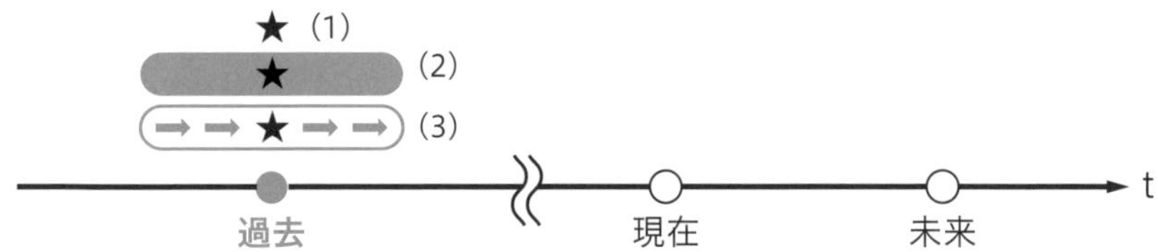

(1) ★で**過去**に 1 回だけ行われた**動作や出来事**

例 I **came up with** a good idea. 私はよい考え**を思いついた**。

(2) ★をふくむ**過去の一定期間の状態**（過去の状態）

例 I **didn't like** celery. 私はセロリ**が好きではなかった**。

(3) ★をふくむ**過去に一定期間繰り返された出来事**（過去の習慣・反復的動作）

例 Ryan sometimes **met** Lily. Ryan はときどき Lily **に会っていた**。

❷ 過去進行形

〈S was [were] *doing*...〉の形で, **過去の時点で進行していた動作**などを表す。

例 Joe **was drawing** a picture then. Joe はそのとき, 絵**を描いているところだった**。

It **was snowing** all night. 一晩中**雪が降っていた**。 ⓘ過去の一定期間に繰り返された動作。

❸ 未来の表現

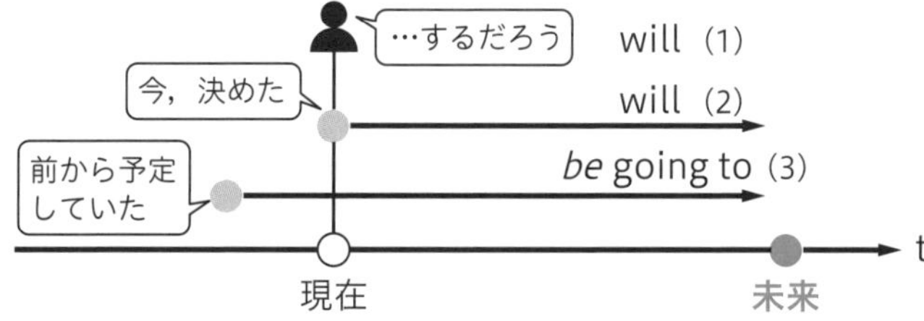

(1) **S will *do*...**「…だろう, …になる」: **単純な未来のこと**や**未来の予測**を表す。

例 My daughter **will be** five years old next month. 私の娘は来月 5 歳**になる**。

(2) **S will *do*...**「…するつもりだ, …しよう」: **主語の意志**や, **今決めたこと**を表す。

例 I **will get** back in ten minutes. 10 分後に戻って**くるよ**。

(3) **S *be* going to *do*...**「…する予定だ」: **前から予定していたこと**を表す。

ⓘ近い未来の予測を表すこともある。

例 Bob **is going to stay** in Thailand during the vacation.

Bob は休暇中タイに**滞在する予定だ**。

(4) **S *be* about to *do*...**「まさに…しようとしている」: **差し迫った未来**を表す。

例 The championship game **is about to begin**. 決勝戦が**まさに始まろうとしている**。

3 現在完了形と現在完了進行形, 未来完了形

学習ページ 3. (p.46)

❶ 現在完了形

〈S have [has] *done*...〉の形で，過去と現在の 2 点を結びつける表現。**「完了・結果」「経験」「継続」**の 3 つの用法がある。

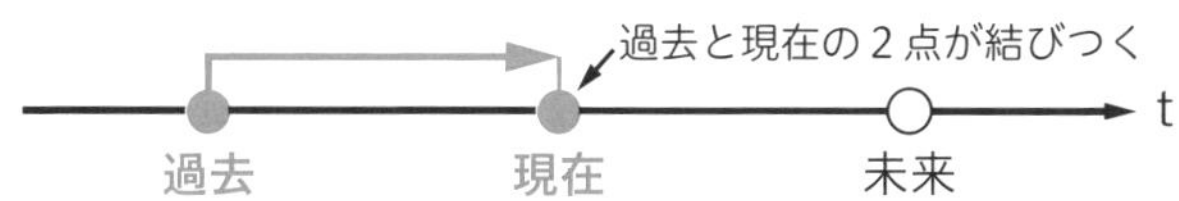

(1) **完了・結果用法**：過去に始まった動作が完了し，その結果として現在がどうなっているかを表す。

例 Ryo **has** just **finished** his homework.　Ryo は宿題**を終えた**ばかりだ。

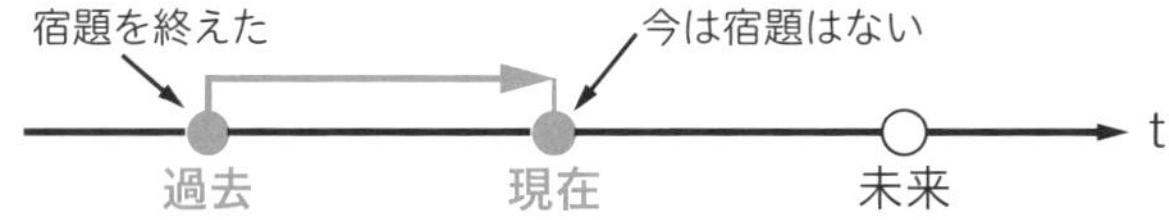

(2) **経験用法**：過去に何かを行い，その経験を現在も持っていることを表す。

例 Yuka **has been** to Finland.　Yuka はフィンランドに**行ったことがある**。

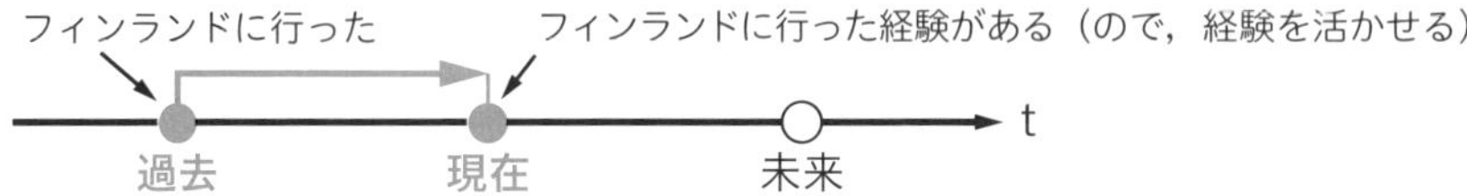

(3) **継続用法**：過去から現在まで，ある状態がずっと継続していることを表す。

例 Adam **has lived** here for ten years.　Adam は 10 年間ここに**住んでいる**。

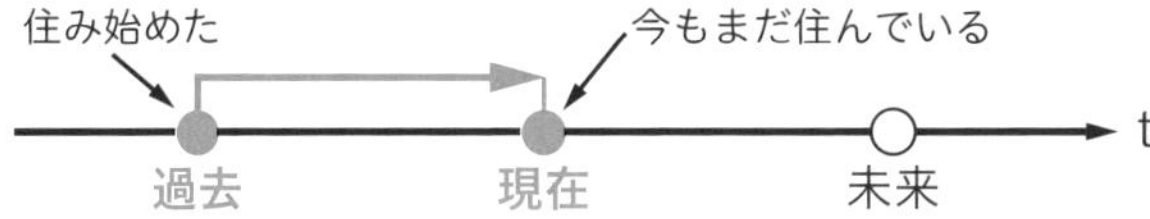

❷ 現在完了進行形

〈S have [has] been *doing*...〉の形で，**過去から現在まである動作がずっと継続している**ことを表す。現在完了形の「継続」用法の一種。

例 They **have been talking** for an hour.　彼らは 1 時間**ずっとおしゃべりしている**。

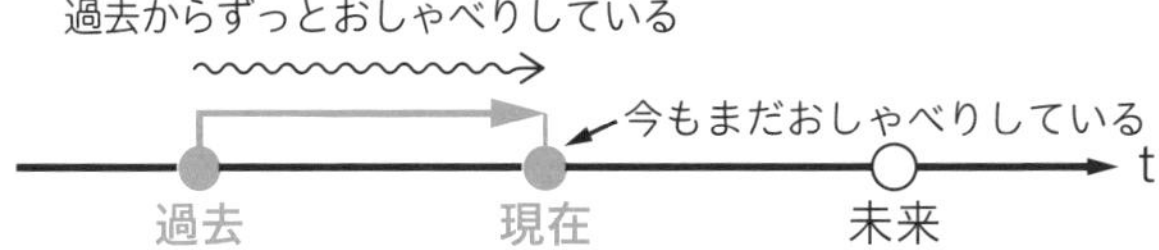

❸ 未来完了形

〈S will have *done*...〉の形で，ある時点と未来の 2 点を結びつける表現。**「完了・結果」「経験」「継続」**の 3 つの用法がある。

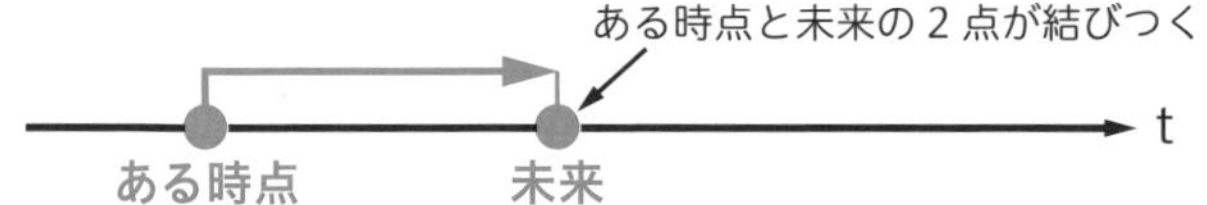

(1) **完了・結果用法**：未来のある時点までの完了・結果を表す。

例 I **will have finished** my homework by five.　5 時までに宿題**を終えているだろう。**

(2) **経験用法**：未来のある時点までの経験を表す。

例 I **will have visited** Thailand three times if I visit it again.

もう一回訪れると，3 回タイ**を訪れたことになる。**

(3) **継続用法**：未来のある時点までの状態の継続を表す。

例 The Smiths **will have lived** here for ten years next month.

Smith 家は来月で，10 年間ここに**住んだことになる。**

4　過去形 *vs.* 過去完了形

学習ページ 4. (p.50)

❶ 過去完了形

〈S had *done*...〉の形で，過去と別の過去のある時点の 2 点を結びつける表現。「**完了・結果**」「**経験**」「**継続**」の 3 つの用法がある。過去形(▶p.35 2-❶)との違いに注意。

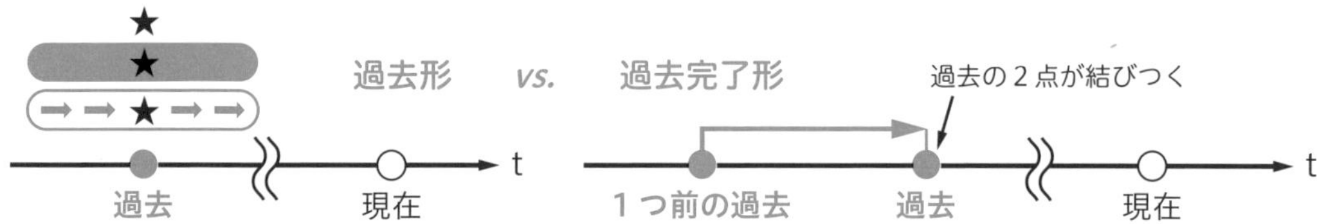

(1) **完了・結果用法**：過去に始まった動作が完了し，その結果として別の過去のある時点がどうなっていたかを表す。

例 The train **had left** when I arrived.　私が到着したときには，電車は**出てしまっていた。**

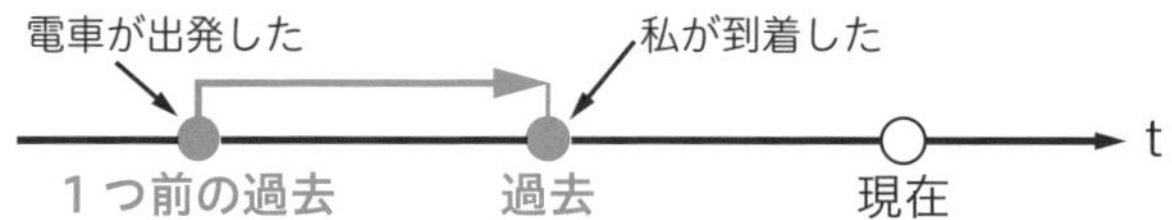

(2) **経験用法**：過去に何かを行い，その経験を別の過去のある時点で持っていたことを表す。

例 Ken **had never watched** rugby until then.

Ken はそのときまでラグビー**を観たことがなかった。**

(3) **継続用法**：過去から別の過去のある時点まで，状態がずっと継続していたことを表す。

例 Alex **had lived** in Paris for ten years until 2010.

Alex は 2010 年まで 10 年間パリに**住んでいた。**

(4) **大過去**：過去のある時点よりさらに前に起こった過去のことを表す。

例 I found that I **had left** the key in the car.　私は車の中にかぎ**を置き忘れた**と気づいた。

1 >>> 時制① 現在形と現在進行形

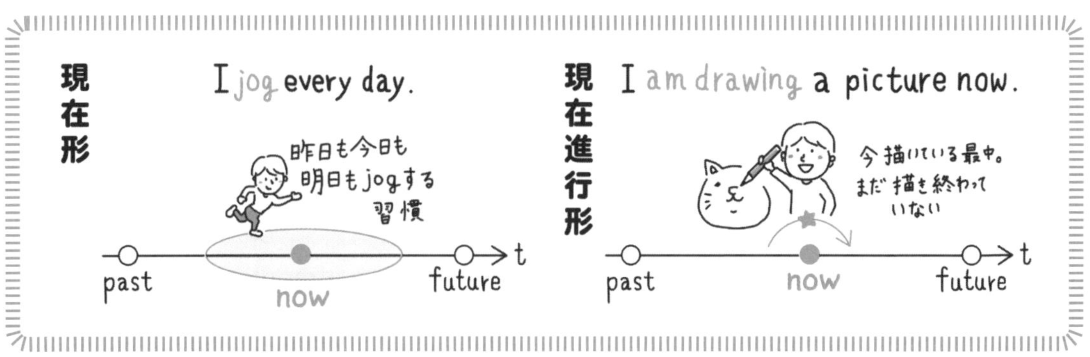
現在形
I jog every day.
昨日も今日も
明日もjogする
習慣
past
now
future
t
現在進行形
I am drawing a picture now.
今描いている最中。
まだ描き終わって
いない
past
now
future
t

ドリル 1 2 3 4

(1)～(5) の英文を書き写しましょう。必ず時制を意識しながら書くこと。

025

□ (1) Kate は新しいスマートフォンを欲しがっている。
Kate wants a new smartphone.
（wants：現在形）

□ (2) Ryo は毎朝早くにジョギングをしている。
Ryo jogs early every morning.
（jogs：現在形）

□ (3) その子は今，絵を描いている。
The child is drawing a picture now.
（is drawing：現在進行形）

□ (4) Tracy はいつも上司の文句を言ってばかりいる。
Tracy is always complaining about her boss.
（is always complaining：現在進行形）

□ (5) 君の電池は切れかけているし，僕のは切れちゃってるよ。
Your battery is dying and mine is dead.
（is dying：現在進行形）

be dying は充電が dead の状態に向かって進行中のイメージ。die しかけているが，まだ die していない。

Hints!

現在形と言っても，近い過去や未来をふくむ時間の幅があることに注意。現在進行形は，進行中であってまだ「完了していない」ことを表す。

(1)～(5) の［　］内から英文に合う適切なものを選びましょう。

026

Chapter 3

□ (1) スマートフォンは私たちの生活において重要な役割を果たしている。

The smartphone［① plays／② played］an important role in our lives.

play an important role　重要な役割を果たす

□ (2) Ken は毎朝プロテインシェイクを飲んでいる。

Ken［① drinks／② drank］a protein shake every morning.

□ (3) 警察はその事故の原因を調査している。

The police［① looked／② are looking］into the cause of the accident.

look into *A*　A を調査する／「調査している」ということから，「調査中だ」と言いかえることも可能。

□ (4) Ken は最近，Lisa のことを考えてばかりいる。

Ken［① is thinking／② thought］of Lisa these days.

these days　最近

□ (5) だれかがあそこで溺れかけているよ！

Somebody［① drowns／② is drowning］over there!

drown 動溺れる

解答

(1) ①　▶現在の状態を表す。

(2) ①　▶現在の習慣を表す。

(3) ②　▶現在進行中の動作を表す。主語の (the) police は複数扱いのため，be 動詞は are を使う。

(4) ①　▶現在の反復的動作を表す。

(5) ②　▶「…しかけている」の意味。「溺れる」に向けて進行中だが，まだその動作は完了していない。drowns だと現在の習慣として「溺れる」ということを表してしまうため NG。

(1)～(5) の(　)内の語句を並べ替え，英文を完成させましょう。

□ (1) インターネットは私たちの生活において重要な役割を果たしている。

The Internet (role / an / plays / important) in our lives.

The Internet ______________________________ in our lives.

□ (2) Lisa は毎朝早くに起きている。

Lisa (every / gets / early / up) morning.

Lisa ______________________________ morning.

□ (3) 警察は彼の死の原因を調査中だ。

The police (are / into / the / looking) cause of his death.

The police ______________________________ cause of his death.

□ (4) Jennifer はいつもスマートフォンをいじってばかりいる。

Jennifer (always / playing / is / with) her smartphone.

Jennifer ______________________________ her smartphone.

□ (5) この電車はまもなく名古屋駅に到着する。

This (is / train / at / arriving) Nagoya Station.

This ______________________________ Nagoya Station.

解答

(1) The Internet (plays an important role) in our lives.

(2) Lisa (gets up early every) morning.

(3) The police (are looking into the) cause of his death.

(4) Jennifer (is always playing with) her smartphone.

▶「～をいじる」を play with *A*「A で遊ぶ」を使って表している。

(5) This (train is arriving at) Nagoya Station.

ドリル 1 2 3 **4**

(1)～(5) の下線部を埋めて，英文を完成させましょう。

028

Chapter 3

□ (1) インターネットは世界中で重要な役割を果たしている。

The Internet ________________________ all over the world.

□ (2) Tom は毎朝早くにジョギングをしている。

Tom ________________________.

□ (3) その子はあそこで絵を描いているよ。

The child ________________________ over there.

□ (4) 彼女はいつもスマートフォンをいじってばかりいる。

She ________________________ her smartphone.

□ (5) しまった！　スマートフォンの電池が切れそうだ。

Oops! The battery of my ________________________.

解答

(1) The Internet plays an important role all over the world. ▶plays の -s のつけ忘れに注意。

(2) Tom jogs early every morning. ▶jogs の -s のつけ忘れに注意。

(3) The child is drawing [painting] a picture [pictures] over there.

(4) She is always playing with her smartphone. ▶S *be* always *doing*...「S はいつも…してばかりいる」

(5) The battery of my smartphone is dying.

2 ››› 時制② 過去形と過去進行形, 未来の表現

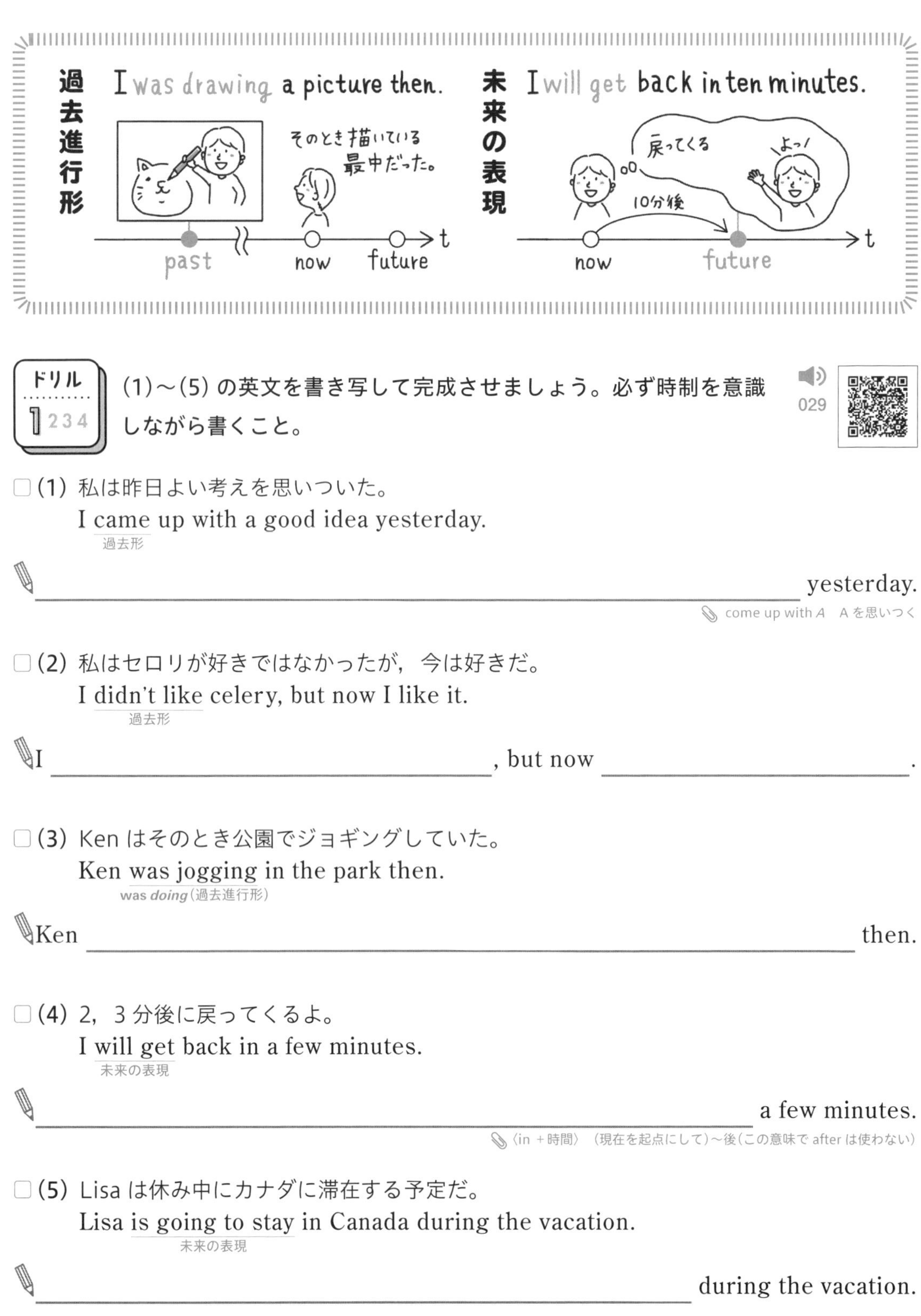
過去進行形
I was drawing a picture then.
そのとき描いている最中だった。
past
now
future
t
未来の表現
I will get back in ten minutes.
戻ってくる
よっ!
10分後
now
future
t

ドリル 1 2 3 4

(1)～(5) の英文を書き写して完成させましょう。必ず時制を意識しながら書くこと。

029

□ (1) 私は昨日よい考えを思いついた。
I came up with a good idea yesterday.
過去形

________________________________ yesterday.

come up with *A*　A を思いつく

□ (2) 私はセロリが好きではなかったが，今は好きだ。
I didn't like celery, but now I like it.
過去形

I ____________________, but now ____________________.

□ (3) Ken はそのとき公園でジョギングしていた。
Ken was jogging in the park then.
was *doing*（過去進行形）

Ken ________________________________ then.

□ (4) 2，3 分後に戻ってくるよ。
I will get back in a few minutes.
未来の表現

________________________________ a few minutes.

〈in ＋時間〉（現在を起点にして）～後（この意味で after は使わない）

□ (5) Lisa は休み中にカナダに滞在する予定だ。
Lisa is going to stay in Canada during the vacation.
未来の表現

________________________________ during the vacation.

Hints!

will は「未来の予測」や「主語の意志」などを表し，*be* going to は「未来の予定」や「近い未来の予測」などを表す。

(1)～(5) の[　]内から英文に合う適切なものを選びましょう。

030

□ (1) 先週，電車で Tanaka 先生に偶然出会った。

I [① come／② came] across Mr. Tanaka on the train last week.

come across *A*　A に偶然出会う

□ (2) Ken は野球部だったが，今は違う。

Ken [① belonged／② was belonging] to the baseball team, but he doesn't now.

□ (3) そのとき，私は辞書でその単語を調べている最中だった。

I [① looked／② was looking] up the word in the dictionary then.

look up *A*　A(単語など)を調べる

□ (4) そのうわさは 2，3 週間後に間違いだとわかるだろう。

The rumor [① is going／② will] turn out to be false in a few weeks.

S turn out (to be) C　S は C だと判明する

□ (5) 決勝戦がいよいよ始まるよ。

The championship game [① will／② is about] to begin.

直訳は「決勝戦がまさに始まろうとしている」となる。

解答

(1) ②　▶過去の出来事を表す。

(2) ①　▶状態動詞は原則進行形にはならないので，was belonging は NG。

(3) ②　▶「調べている最中だった」なので過去進行形。過去形の looked だと「調べた」となり，調べ終わったことになるので NG。

(4) ②　▶未来に起こるであろう出来事の予測を表す。後ろに to がないので，is going は NG。

(5) ②　▶S *be* about to *do*...「S はまさに…しようとしている」。*be* going to *do*... よりも差し迫った未来を表す。

(1)～(5) の(　)内の語句を並べ替え，英文を完成させましょう。
文頭の語は大文字で始めること。

□ (1) だれがそのいい方法を思いついたのですか。

(up / came / who / with) the good method?

＿＿＿＿＿＿＿＿＿＿＿＿＿＿＿＿ the good method?

□ (2) あなたは高校のとき，何部だったのですか。

What club (to / did / belong / you) in high school?

What club ＿＿＿＿＿＿＿＿＿＿＿＿＿＿＿＿ in high school?

□ (3) Mei はそのとき，インターネットでその単語を調べているところだった。

Mei (the word / on / looking up / was) the Internet then.

Mei ＿＿＿＿＿＿＿＿＿＿＿＿＿＿＿＿ the Internet then.

□ (4) そのうわさは 2，3 日後には本当だとわかるだろう。

The rumor (to / out / will / turn) be true in a few days.

The rumor ＿＿＿＿＿＿＿＿＿＿＿＿＿＿＿＿ be true in a few days.

□ (5) 急いで！　授業がもう始まっちゃうよ！

Hurry up! Class (begin / is / to / about)!

Class ＿＿＿＿＿＿＿＿＿＿＿＿＿＿＿＿!

解 答

(1) (Who came up with) the good method?

(2) What club (did you belong to) in high school?

▶ You belonged to *A*. の *A* が what club となって文頭に出て，疑問文になっている。

(3) Mei (was looking up the word on) the Internet then.

(4) The rumor (will turn out to) be true in a few days.

(5) Class (is about to begin)!

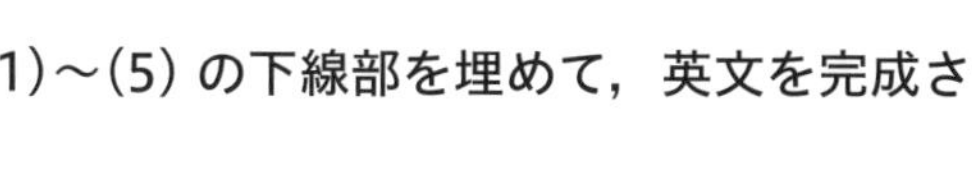

(1)～(5) の下線部を埋めて，英文を完成させましょう。

032

□(1) 私はいい考えを思いついたが，今それを思い出せない。 (3 語で)

I ＿＿＿＿＿＿＿＿＿＿ a good idea, but I can't recall it now.

recall 動(頑張って)～を思い出す

Chapter 3

□(2) Ren は高校時代サッカー部(the soccer team)に所属していた。

Ren ＿＿＿＿＿＿＿＿＿＿ in high school.

□(3) Dan はそのとき，スマートフォンでその単語を調べている最中だった。

Dan ＿＿＿＿＿＿＿＿＿＿ on the smartphone then.

□(4) 10 分後に戻ってきます。 (get を使って)

I ＿＿＿＿＿＿＿＿＿＿ ten minutes.

□(5) 私は休暇中，ハワイ(Hawaii)に滞在する予定だ。

I am ＿＿＿＿＿＿＿＿＿＿ during the vacation.

解答

(1) I came up with a good idea, but I can't recall it now.

(2) Ren belonged to the soccer team in high school.

(3) Dan was looking up the word on the smartphone then. [Dan was looking the word up on the smartphone then.]

(4) I will get back in ten minutes.

▶現在を起点にして「10分後」はin ten minutes。× after ten minutesと言わないことに注意。

(5) I am going to stay in Hawaii during the vacation. [I am staying in Hawaii during the vacation.]

3 ››› 時制③ 現在完了形と現在完了進行形，未来完了形

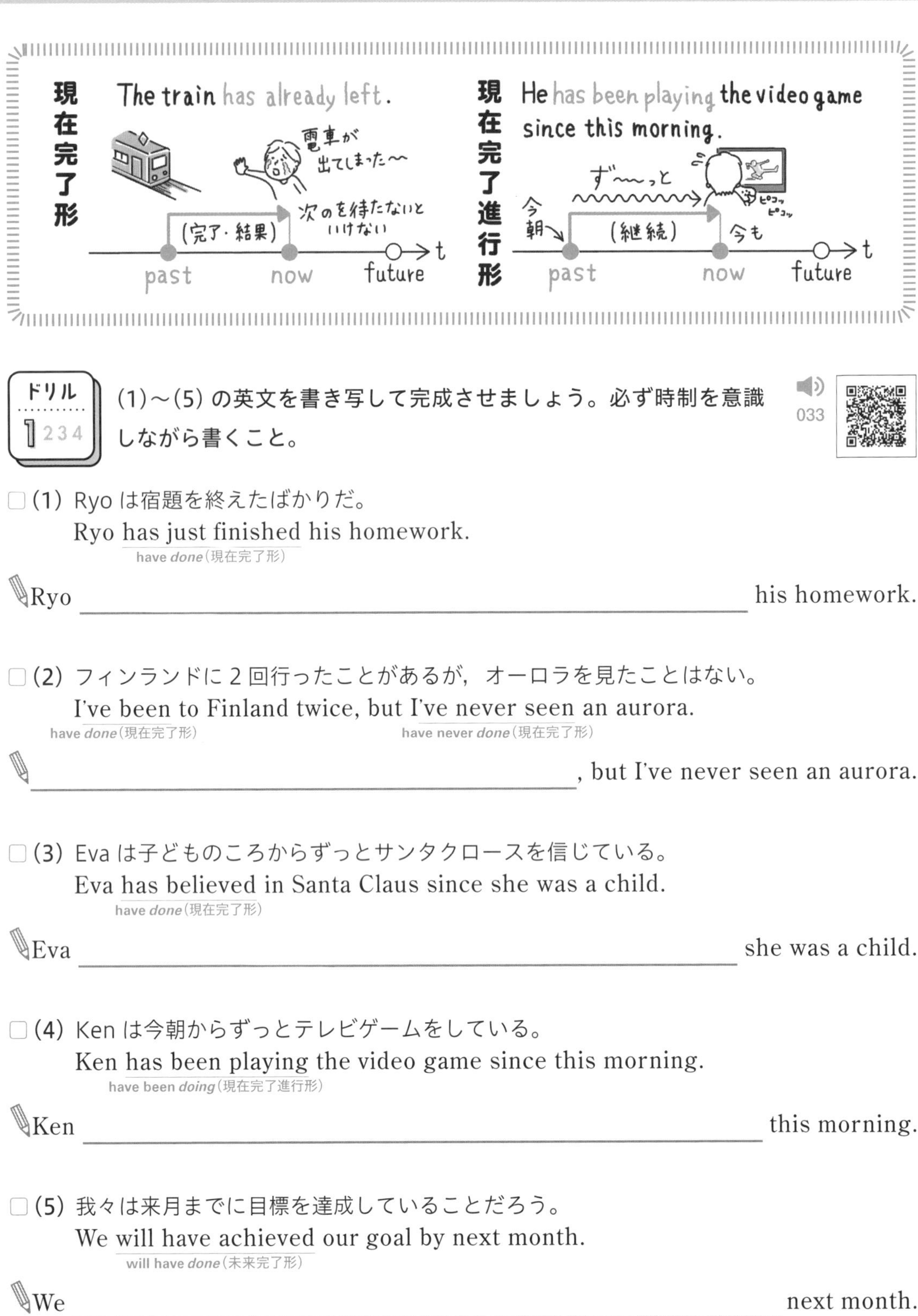
現在完了形
The train has already left.
電車が出てしまった〜
(完了・結果)
次のを待たないといけない
past
now
future
t
現在完了進行形
He has been playing the video game since this morning.
ず〜〜っと
今朝
(継続)
今も
ピコッピコッ
past
now
future
t

ドリル 1 2 3 4

(1)〜(5) の英文を書き写して完成させましょう。必ず時制を意識しながら書くこと。

033

□ (1) Ryo は宿題を終えたばかりだ。

Ryo has just finished his homework.

have *done*（現在完了形）

Ryo ______________________________ his homework.

□ (2) フィンランドに 2 回行ったことがあるが，オーロラを見たことはない。

I've been to Finland twice, but I've never seen an aurora.

have *done*（現在完了形）　have never *done*（現在完了形）

______________________________, but I've never seen an aurora.

□ (3) Eva は子どものころからずっとサンタクロースを信じている。

Eva has believed in Santa Claus since she was a child.

have *done*（現在完了形）

Eva ______________________________ she was a child.

□ (4) Ken は今朝からずっとテレビゲームをしている。

Ken has been playing the video game since this morning.

have been *doing*（現在完了進行形）

Ken ______________________________ this morning.

□ (5) 我々は来月までに目標を達成していることだろう。

We will have achieved our goal by next month.

will have *done*（未来完了形）

We ______________________________ next month.

Hints!

完了形は，過去と現在，ある時点と未来など，2 つの異なる時点の間の動作・状態について表す。時間軸をしっかりイメージすること。

(1)～(5) の[　]内から英文に合う適切なものを選びましょう。

034

Chapter 3

□ (1) 電車はすでに出てしまったから，次のを待たなくちゃいけない。

The train [① already leaves／② has already left], so I have to wait for the next one.

□ (2) A: 俺，前に大谷翔平に会ったことがあるんだぜ！
B: うそだ～！
A: I [① see／② have seen] Shohei Ohtani before!
B: No way!

□ (3) Tanaka 先生は Kate と 5 年間遠距離恋愛をしている。

Mr. Tanaka [① has had／② had] a long-distance relationship with Kate for five years.

□ (4) 警察はその原因を先月から調査し続けている。

The police [① looked／② have been looking] into the cause since last month.

□ (5) 遅くなっちゃった！　僕らが着くまでにその電車は出てしまっているだろうね。

We're late! The train [① will have left／② has left] by the time we arrive.

by the time S' V' ...　S' が…するまでに

解答

(1) ②　▶電車がすでに出てしまって乗れないことを言うので，現在完了形(完了・結果)。

(2) ②　▶過去に大谷翔平に会ったという現在までの「経験」を自慢しているシーンなので，現在完了形(経験)。

(3) ①　▶「状態」が 5 年間ずっと続いているので，現在完了形(継続)。

(4) ②　▶調査する「動作」が先月からずっと続いているので，現在完了進行形。

(5) ①　▶未来のある時点までに「完了」してしまっているので，未来完了形(完了・結果)。

(1)～(5) の(　)内の語句を並べ替え，英文を完成させましょう。

035

□ (1) Kate がロンドンに帰ってしまったので，彼は彼女がいなくて寂しい。

Kate (London / to / gone back / has), so he is missing her.

Kate ______________________________, so he is missing her.

□ (2) 野生のシャチを見たことがありますか。

Have (you / seen / a wild orca / ever) before?

Have ______________________________ before?

□ (3) A: 彼らは大阪にどのくらい住んでいますか。
B: 2 年間です。

A: How (have / lived / long / they) in Osaka?
B: For two years.

How ______________________________ in Osaka?

How long ～?　どのくらい(の期間)～？

□ (4) Rin は今朝からずっとスマートフォンをいじっている。

Rin (her / playing with / been / has) smartphone since this morning.

Rin ______________________________ smartphone since this morning.

□ (5) 私の両親は来年で 30 年間結婚生活をしたことになる。

My parents (been married / for / have / will) 30 years next year.

My parents ______________________________ 30 years next year.

解 答

(1) Kate (has gone back to London), so he is missing her.
(2) Have (you ever seen a wild orca) before?　▶ Have you ever *done*... before?「以前に…したことはありますか」
(3) How (long have they lived) in Osaka?
(4) Rin (has been playing with her) smartphone since this morning.
(5) My parents (will have been married for) 30 years next year.

(1)～(5) の下線部を埋めて，英文を完成させましょう。

Chapter 3

□ (1) 私は宿題を終えたばかりだから，とても疲れている。

I ______________________________, so I'm very tired.

□ (2) 私は以前にオーロラ(an aurora)を見たことがないから，見てみたい。

I ______________________________, so I want to see one.

□ (3) 彼らはどのくらい遠距離恋愛をしていますか。

How ______________________________ a long-distance relationship?

□ (4) Ren は 3 時間ずっとテレビゲーム(the video game)をしている。

Ren ______________________________ three hours.

□ (5) その電車は彼らが着くまでに出てしまっているだろうね。

The ______________________________ the time they arrive.

解答

(1) I have just finished [done] my [the] homework, so I'm very tired. ▶現在完了形(完了・結果)
(2) I have never seen an aurora before, so I want to see one. ▶現在完了形(経験)
(3) How long have they had a long-distance relationship? ▶現在完了形(継続)
(4) Ren has been playing the video game for three hours. ▶現在完了進行形
(5) The train will have left by the time they arrive. ▶未来完了形(完了・結果)

4 ››› 時制④ 過去形 *vs.* 過去完了形

過去形
I saw the movie three times when I was a child.
映画を見た
子どものころ
同じ過去のことだ
past
now
t
VS.
過去完了形
The train had left when I arrived.
電車が出てしまった〜
(完了・結果)
着いたとき
past
past
now
t

ドリル 1 2 3 4

(1)〜(5) の英文を書き写して完成させましょう。必ず時制を意識しながら書くこと。

037

□ (1) 私は子どものころ，その映画を 2，3 回見た。

I saw the movie a few times when I was a child.
（saw：過去形）

I ________________________________ when I was a child.

□ (2) Tom が着いたときには，授業はすでに始まっていた。

The class had already begun when Tom arrived.
（had already begun：過去完了形）

The class ________________________________ when Tom arrived.

□ (3) Ken はワールドカップまでラグビーを観たことがなかった。

Ken had never watched rugby until the World Cup.
（had never watched：過去完了形）

Ken ________________________________ the World Cup.

□ (4) Dan は 14 歳までサンタクロースを信じていた。

Dan had believed in Santa Claus until he was 14.
（had believed：過去完了形）

Dan ________________________________ until he was 14.

□ (5) 彼は，財布が盗まれてしまったことに気づいた。

He found that he had had his wallet stolen.
（had had：過去完了形）

He found that ________________________________.

S have O stolen　S は O を盗まれる ▶②-2 p.26

Hints!

過去時制は過去のある時点のことを表し，時間の幅があることもある。過去完了形は，過去のある時点と，それより前の時点の，2 つの時点がないと使えない。

(1)～(5) の[　]内から英文に合う適切なものを選びましょう。

038

□ (1) 彼はパリにいたころ，3 回その美術館を訪れた。

He [① visited／② had visited] the museum three times when he was in Paris.

□ (2) 警察が到着したときには，容疑者はすでに逃走していた。

The suspect [① already ran／② had already run] away when the police arrived.

□ (3) 高校に入る前に，クラリネットを吹いたことはありましたか。

[① Have you／② Had you] ever played the clarinet before you entered high school?

□ (4) 私が Ryo に電話したときには，彼は 2 時間待ち続けていた。

Ryo [① was／② had been] waiting for two hours when I called him.

□ (5) Kate がイングランドに帰ったと聞いた。

I heard that Kate [① went／② had gone] back to England.

解答

(1) ①　▶「彼がパリにいた」のと同じ過去の時間内に「訪れた」ので単なる過去形。

(2) ②　▶「警察が到着した」という過去の時点より前の時点で「逃走した」ので過去完了形(完了・結果)。

(3) ②　▶「高校に入学した」という過去の時点より前の「経験」を尋ねているので過去完了形(経験)。

(4) ②　▶「電話した」という過去の時点の 2 時間前から「ずっと待っていた」ので過去完了進行形。

(5) ②　▶「聞いた」という過去の時点より前の時点で「帰った」ので過去完了形(大過去)。

(1)～(5) の(　)内の語句を並べ替え，英文を完成させましょう。

□ (1) Lily は子どものころ，3 年間シドニーに住んでいた。

Lily (in Sydney / for / lived / three years) when she was a child.

Lily ____________________ when she was a child.

□ (2) 私がプラットフォームに着いたときにはすでに電車は出てしまっていた。

The (left / when / train / had already) I got to the platform.

The ____________________ I got to the platform.

□ (3) Mei は 15 歳まで，ハンバーガーを食べたことがなかった。

Mei (had / until / a hamburger / had never) she was 15.

Mei ____________________ she was 15.

□ (4) 私が電話したとき，Lisa は 4 時間勉強し続けていた。

Lisa (studying / been / for / had) four hours when I called her.

Lisa ____________________ four hours when I called her.

□ (5) 私は校長先生が車を盗まれたと聞いた。

I heard that the principal (had / stolen / his car / had).

I heard that the principal ____________________.

解答

(1) Lily (lived in Sydney for three years) when she was a child.

(2) The (train had already left when) I got to the platform.

(3) Mei (had never had a hamburger until) she was 15.

(4) Lisa (had been studying for) four hours when I called her.

(5) I heard that the principal (had had his car stolen).

▶ 1 つめの had は過去完了形 had *done* の had で，2 つめの had は *done*（過去分詞）の位置に入った使役動詞 have の過去分詞 had。

(1)～(5) の下線部を埋めて，英文を完成させましょう。

040

□ (1) 私は子どものころ，その映画を何度も見た。

I ______________________________ I was a child.

□ (2) 私が着いたときには，その会議(the meeting)はすでに始まっていた。

The ______________________________ I arrived.

□ (3) Ken はその夜まで，ラグビーを観たことがなかった。

Ken ______________________________ that night.

□ (4) 私は 12 歳まで，サンタクロース(Santa Claus)を信じていた。

I ______________________________ I was 12.

□ (5) 私は，彼が財布(his wallet)を盗まれたと聞いた。

I heard ______________________________.

解 答

(1) I saw [watched] the movie many times when I was a child. ▶had seen は NG 解答。

(2) The meeting had already begun [started] when I arrived.

(3) Ken had never watched [seen] rugby until that night.

(4) I had believed in Santa Claus until I was 12.

(5) I heard (that) he had had his wallet stolen.

入試実戦演習❶ 大学入試問題にチャレンジ！

1 (　)内に入る最も適切なものを選びましょう。

□(1) On her way home, Meagan was (　　) a stranger. 〈愛知学院大〉
① spoken at　② spoken by　③ spoken to by　④ spoken with at

______

□(2) I'm afraid I cannot make myself (　　) in German. 〈中央大〉
① understanding　② understood　③ to understand　④ understand

______

□(3) George (　　) his mother to sew the button on his jacket. 〈湘南工科大〉
① let　② made　③ had　④ got

______

□(4) I (　　) for a parking place for half an hour, but I can't find one. 〈亜細亜大〉
① look　② could look　③ will look　④ have been looking

______

□(5) I (　　) raw fish before I came to Japan. 〈慶應義塾大〉
① had never eaten　② never eat
③ was never eaten　④ was never eating

______

2 (　)内の語句を並べ替え，英文を完成させましょう。ただし，文頭の語は大文字で始め，(2)は日本語に合う英文にすること。

□(1) Lin　　　: What happened to Maya?
Francisco: (wallet / she / her / had / stolen) in the library. 〈法政大〉

______ in the library.

□(2) ジョンは借金を返済するために別荘を手放すことを余儀なくされた。 〈国士舘大〉
John (to / his / up / forced / give / was) second house to pay back his debt.

John ______ second house ....

解答・解説

解答

1 (1) ③　(2) ②　(3) ④　(4) ④　(5) ①

2 (1) She had her wallet stolen　(2) was forced to give up his

解説

1

(1) 受動態（▶❶-3 p.16）の問題。S speak to *A*「S は A に話しかける」の *A* が主語になった受動態の形 *A be* spoken to by ～を見抜く。③が正解。

(2) SVO *done*...（▶❷-2 p.26）の第 5 文型の問題。〈make *oneself* understood in＋言語〉「言語が通じる」を見抜く。②が正解。

(3) SVO to *do*...（▶❷-1 p.22）の問題。S get O to *do*...「S は O に…させる」を見抜く。④が正解。①の let，②の made，③の had は使役動詞で，O である his mother の後ろが *do*（動詞の原形）になるはずだが，to sew ... と to *do*... の形のため，除外できる。

(4) 現在完了進行形（▶❸-3 p.46）の問題。but 以下が現在時制で「駐車場が見つからない」と言っているので，for half an hour が 30 分前の過去から現在までの「30 分間」を指すとわかる。現在完了進行形は④のみ。④が正解。

(5) 過去完了形（▶❸-4 p.50）の問題。I「私」が日本にやってきた過去のある一時点より前の「経験」を述べている。過去完了形の①が正解。

2

(1) have O *done*...（▶❷-2 p.26）の問題。S had O stolen「S は O を盗まれた」を見抜く。全文は She had her wallet stolen in the library. となる。She had stolen her wallet ～. としてしまうと「彼女が自分の財布を盗んだ」の意味になってしまうので NG。

(2) SVO to *do*... の受動態（▶❷-3 p.30）の問題。S *be* forced to *do*...「S は…することを余儀なくされる［せざるを得ない］」を見抜く。全文は John was forced to give up his second house to pay back his debt. となる。

和訳

1
(1) 家に帰る途中，Meagan は知らない人に話しかけられた。
(2) 私は自分のドイツ語が通じないのではないかと思う。
(3) George は母親にジャケットのボタンを縫いつけてもらった。
(4) 私は 30 分間駐車場を探しているのだが，見つけられない。
(5) 私は日本に来る前に，生の魚を食べたことがなかった。

2
(1) Lin：Maya に何があったの？　Francisco：彼女は図書館で財布を盗まれたんだよ。

Chapter 4

助動詞

ドリルの前に
ざっと確認！

1 助動詞＋*do*...

学習ページ 1. (p.58)

助動詞は *do*（動詞の原形）とともに用いて，話し手・書き手の気持ちなどを動詞の意味に加える働きをする。

❶「能力・可能」「許可」を表す助動詞

(1) 能力・可能

can ***do***...（≒ is [am / are] able to *do*...）	…することができる	〈現在の能力や可能性〉
could ***do***...（≒ was [were] able to *do*...）	…する能力があった	〈過去の能力〉
will be able to ***do***...	…することができるだろう	〈未来の能力や可能性〉

(2) 許可

can ***do***...（≒ is [am / are] allowed to *do*...）	…してもよい	〈現在の許可〉
may ***do***...（≒ is [am / are] allowed to *do*...）	…してもよい	〈目上の人からの許可〉
Can [May] I ***do***...? ! Could I *do*...? だとより丁寧。	…してもよいですか。	〈相手から許可を得る表現〉
Can [Could] you ***do***...?	…してもらえませんか。	〈依頼〉

❷「意志」を表す助動詞

(1) 意志／相手の意向を尋ねる

will ***do***... !過去形は would *do*...。	…するつもりだ	〈主語の意志〉
will not [won't] ***do***... !過去形は would not [wouldn't] *do*...。	どうしても…しようとしない	〈主語の拒絶〉
Will you ***do***...? ! Would you *do*...? だとより丁寧。	…してくれませんか。	〈依頼〉
Shall I ***do***...?	（私は）…しましょうか。	〈相手に申し出る表現〉
Shall we ***do***...?	（一緒に）…しませんか。	〈相手に提案・相手を誘う表現〉

❸「義務・必要」「当然の行動・忠告」を表す助動詞

(1) 義務・必要

must ***do***...（≒ have [has] to *do*...）	…しなければならない	〈現在の義務・必要〉
had to ***do***... ! must の過去形はない。	…しなければならなかった	〈過去の義務・必要〉
must not ***do***... （≒ is [am / are] not allowed to *do*...）	…してはいけない	〈禁止〉
do [does] not have to ***do***...	…しなくてもよい	〈不必要〉

(2) 当然の行動・忠告

should [ought to] *do*...	…すべきだ	〈当然の行動〉
should not [ought not to] *do*...	…すべきでない	〈当然の行動〉
had better *do*...	…したほうがよい	〈忠告や強い助言〉
had better not *do*...	…すべきでない，…してはだめだ	〈忠告や強い助言〉

❹「推量」「過去の状態や習慣」を表す助動詞

(1) 推量

can *do*... ⓘ could は可能性がより低い。	…する可能性がある，…し得る	〈可能性〉
may *do*... ⓘ might は可能性がより低い。	…するかもしれない	〈低い可能性〉
should [ought to] *do*...	きっと…するはずだ	〈推量・見込み〉
will *do*... ⓘ would は可能性がより低い。	たぶん…するだろう	〈高い可能性〉
must *do*...	…するにちがいない	〈確信のある推量〉
cannot [can't] *do*...	…するはずがない	〈否定の確信〉

(2) 過去の状態や習慣

used to *do*...	①以前は…だった（が今は違う） ②…したものだった（が今はしない）	〈過去の状態〉 〈過去の習慣〉
would (often) *do*...	よく…したものだった	〈過去の習慣〉

2 助動詞＋have *done*...

学習ページ 2. (p.62)

助動詞には have *done*（過去分詞）とともに用いると，過去についての推量・非難・後悔を表せるものがある。

(1) 過去のことを振り返って推量する意味を表す

may [might / could] have *done*...	…したかもしれない	〈過去の推量〉
should [ought to] have *done*...	…したはずだ	〈過去の推量〉
must have *done*...	…したにちがいない	〈過去の確信のある推量〉
cannot have *done*...	…したはずがない	〈過去の否定の確信〉

(2) 過去の行為を振り返って，非難や後悔する意味を表す

should [ought to] have *done*...	…すべきだったのに（しなかった）
should not [ought not to] have *done*...	…すべきでなかったのに（した）
need not have *done*...	…しなくてもよかったのに（してしまった）

1 ››› 助動詞① 助動詞+*do*...

You had better not go out because you're ill.
外出したい…
ダメー!!
ママ
There used to be a café here.
空き地
ForSale
昔はここにカフェがあって
パフェ食べたなあ

ドリル 1 2 3 4 (1)～(5) の英文を書き写して完成させましょう。必ず助動詞とその意味を意識しながら書くこと。 041

□ (1) ここにある辞書はどれでも自由に使っていいよ。
You can make free use of any dictionary here.
(can *do*)

You ______________________ any dictionary here.

make free use of *A*　A を自由に使う

□ (2) 僕がやらなくてはいけないんだから，君が部屋を掃除する必要はないよ。
You don't have to clean the room because I have to do it.
(don't have to *do* / have to *do*)

You ______________ the room because I ______________ it.

□ (3) もっと肩の力を抜くべきで，自分を責めるべきではないよ。
You should relax more, and you had better not blame yourself.
(should *do* / had better not *do*)

You ______________ more, and you ______________ yourself.

□ (4) John はうそつきにちがいないよ。彼の話が本当のはずがないもの！
John must be a liar. His stories cannot be true!
(must *do* / cannot *do*)

John ______________ a liar. His stories ______________!

liar 名 うそつき

□ (5) 昔はここにカフェがあって，よくコーヒーを飲んだんだ。
There used to be a café here, and I would often drink coffee.
(used to *do* / would often *do*)

There ______________________ coffee.

Hints!

たくさんの使い方がある助動詞。助動詞の意味と〈助動詞＋*do*〉の形を覚えること。ここでは入試頻出のものに的を絞って扱っている。

(1)～(5) の[　]内から英文に合う適切なものを選びましょう。

042

Chapter 4

□ (1) A: ここで勉強してもいいですか。
B: ごめんね，でもA室でならしてもいいよ。
A: [① May／② Shall] I study here?
B: Sorry, but you [① can／② must] study in Room A.

□ (2) バスはすでに出てしまっていたので，私は次のバスを待たなくてはならなかった。

The bus [① has／② had] already left, so I [① had to／② must] wait for the next one.

□ (3) 予期せぬことは起こり得るが，我々医師はどんなミスもしてはいけない。

Unexpected things [① can／② won't] happen, but we doctors [① should／② must not] make any mistakes.

□ (4) ドアがどうしても開かないんだよ。かぎ穴が壊れているにちがいない。

The door [① shouldn't／② won't] open. The keyhole [① must／② will] be broken.

keyhole 名 かぎ穴

□ (5) 妻は信じようとしないんだけど，僕は昔よくサーフィンをしに行ったものなんだ。

Although my wife [① won't／② must not] believe me, I [① would often／② used] go surfing.

解答

(1) ①／① ▶「許可」の助動詞 can [may] を選ぶ。

(2) ②／① ▶1つめは「過去完了形」の had。「待たなくてはならなかった」という過去よりさらに前に「バスが出た」ので過去完了形。2つめは過去のことに must は使えないので had to が正解。

(3) ①／② ▶「可能性(…する可能性がある)」の助動詞の can と「禁止」の表現 must not。

(4) ②／① ▶「主語の拒絶」の won't と「確信のある推量」の must。won't は物が主語になることもある。

(5) ①／① ▶「主語の拒絶」の won't と「過去の習慣」の would (often)。to がないので used は NG。

(1)～(5) の(　)内の語句を並べ替え，英文を完成させましょう。ただし，不要な語句が１つあります。

043

□ (1) ここにあるコンピューターはどれでも自由に使っていいよ。

You (free use / make / can / must) of any computer here.

You ________________________________ of any computer here.

□ (2) リラックスして！　君が世界の重荷を背負う必要なんてないよ。

Relax! You (to / don't / carry / had / have) the weight of the world.

You ________________________________ the weight of the world.

□ (3) 病気なんだから外出しちゃだめだよ。

You (not / ought / better / go / had) out because you're ill.

You ________________________________ out because you're ill.

□ (4) それが Kate のはずがない！　彼女はロンドンに戻ったんだよ。

That (be / cannot / Kate / must)! She returned to London.

That ________________________________!

□ (5) 昔はビーチの近くに住んでいて，よくサーフィンをしに行ったものだ。

I (near / to / would / live / used) the beach and would often go surfing.

I ________________________ the beach and would often go surfing.

解 答

(1) You (can make free use) of any computer here. ▶ must が不要。

(2) You (don't have to carry) the weight of the world. ▶ had が不要。

(3) You (had better not go) out because you're ill.

▶ ought が不要。had，または better の代わりに to が選択肢にあれば，You (ought not to go) out because you're ill. が正解となる。

(4) That (cannot be Kate)! ▶ must が不要。

(5) I (used to live near) the beach and would often go surfing. ▶ would が不要。

ドリル 1 2 3 **4**

(1)～(5) の下線部を埋めて，英文を完成させましょう。

044

□ (1) ここにあるタブレットコンピューターはどれでも自由に使っていいよ。

You ________________ any tablet PC here.

□ (2) 個人的なことについて話していただく必要はありません。 (have を使って)

You ________________ your private things.

□ (3) ミスは起こり得るものだから，自分を責めてはいけないよ。

A mistake ________________,

so you ________________ yourself.

□ (4) そのうわさが本当のはずがない。

The rumor ________________.

□ (5) 昔はここにカフェ (a café) があって，よくケーキを食べたものだ。

There ________________ here,

and I ________________ a piece of cake.

Chapter 4

解 答

(1) You can [may] make free use of any tablet PC here.
[You can [may] freely use any tablet PC here.]

(2) You do not have to talk [speak] about your private things. ▶ do not は縮約形 don't も可。

(3) A mistake can happen [occur], so you must [should] not blame yourself.
▶ must not, should not はそれぞれ縮約形 mustn't, shouldn't も可。また，must [should] not は ought not to も可。

(4) The rumor cannot be true. ▶ cannot は縮約形 can't も可。

(5) There used to be a café here, and I would often eat [often used to eat] a piece of cake.

2 ››› 助動詞② 助動詞＋have *done*...

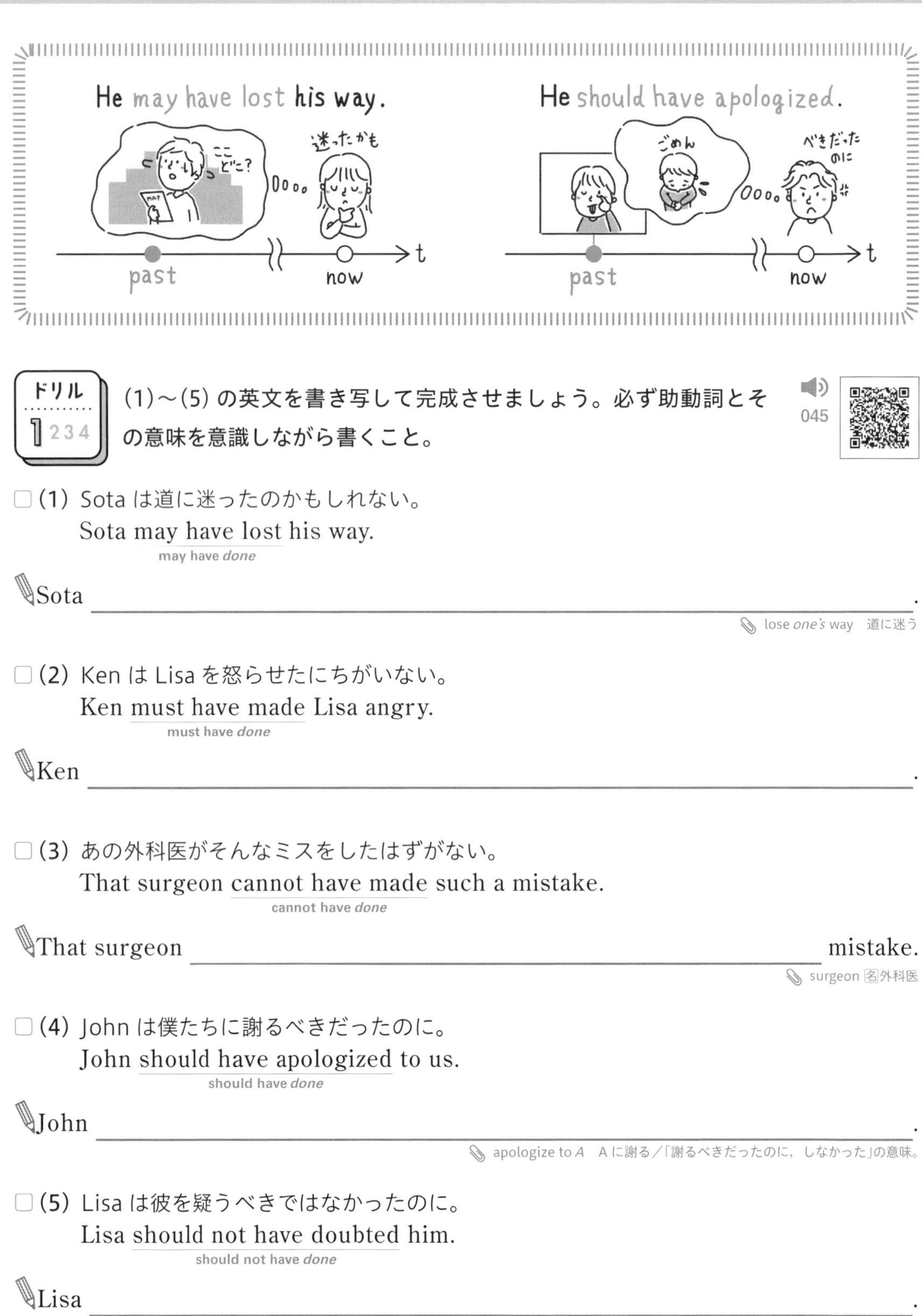
He may have lost his way.
ここどこ？
MAP
Oooo
迷ったかも
past
now
t
He should have apologized.
ごめん
Oooo
べきだったのに
past
now
t

ドリル 1 2 3 4

(1)～(5) の英文を書き写して完成させましょう。必ず助動詞とその意味を意識しながら書くこと。

045

□ (1) Sotaは道に迷ったのかもしれない。
Sota may have lost his way.
may have *done*

Sota ＿＿＿＿＿＿＿＿＿＿＿＿＿＿＿＿＿＿＿＿.

lose *one's* way　道に迷う

□ (2) KenはLisaを怒らせたにちがいない。
Ken must have made Lisa angry.
must have *done*

Ken ＿＿＿＿＿＿＿＿＿＿＿＿＿＿＿＿＿＿＿＿.

□ (3) あの外科医がそんなミスをしたはずがない。
That surgeon cannot have made such a mistake.
cannot have *done*

That surgeon ＿＿＿＿＿＿＿＿＿＿＿＿＿＿＿＿ mistake.

surgeon 名 外科医

□ (4) Johnは僕たちに謝るべきだったのに。
John should have apologized to us.
should have *done*

John ＿＿＿＿＿＿＿＿＿＿＿＿＿＿＿＿＿＿＿＿.

apologize to *A*　Aに謝る／「謝るべきだったのに，しなかった」の意味。

□ (5) Lisaは彼を疑うべきではなかったのに。
Lisa should not have doubted him.
should not have *done*

Lisa ＿＿＿＿＿＿＿＿＿＿＿＿＿＿＿＿＿＿＿＿.

doubt 動 (人)を疑う，信じない／「疑うべきではなかったのに，疑った」の意味。

Hints!

過去のことについて述べる〈助動詞＋have *done*〉は入試頻出。それぞれの表現の意味の違いをしっかり覚えること。

(1)～(5) の[　]内から英文に合う適切なものを選びましょう。

046

Chapter 4

□ (1) Sota は 2 時間前に着いたはずだ。道に迷ったのかもしれない。

Sota should [① arrive／② have arrived] two hours ago. He might [① lose／② have lost] his way.

□ (2) Jennifer は目元にクマができている。昨夜遅くまで起きていたにちがいない。

Jennifer has bags under her eyes. She [① must stay／② must have stayed] up late last night.

have bags under *one's* eyes　目元にクマがある／stay up late　遅くまで起きている，夜更かしする

□ (3) Ken が Haruka とデートしたはずがない。Ken は本当に Lisa に夢中になっているんだから。

Ken [① cannot have／② must have] had a date with Haruka. Ken is really into Lisa.

be into *A*　A に夢中になっている

□ (4) 父は破ってしまった約束を埋め合わせるべきだったのに。

Father ought to [① make／② have made] up for his broken promise.

make up for *A*　A を埋め合わせる

□ (5) 僕たちは John が言うことを信じるべきではなかったのに。

We [① should not believe／② should not have believed] what John said.

解答

(1) ②／②　▶ 1 つめは should have *done* で，2 つめが might have *done* のパターン。

(2) ②　▶ must have *done* のパターン。

(3) ①　▶ cannot have *done* のパターン。

(4) ②　▶ ought to have *done* のパターン。

(5) ②　▶ should not have *done* のパターン。

(1)～(5)の(　)内の語句を並べ替え，英文を完成させましょう。
ただし，不要な語句が１つあります。

047

□ (1) その刑事はその男を尾行するのを見られたかもしれない。

The detective (been / have / should / might / seen) to follow the man.

The detective ________________________ to follow the man.

detective 名刑事

□ (2) Harukaは高得点を取った。すごく熱心に勉強したにちがいない。

Haruka got high marks. She (studied / must / might / have) very hard.

She ________________________ very hard.

□ (3) 上司がそのときまでにそれを知らされていたはずがない。

The boss (been / have / informed of / cannot / shouldn't) it by then.

The boss ________________________ it by then.

□ (4) (電車内で降りる駅を乗り過ごしたあとで)私はアナウンスに注意しておくべきだった。

I (cannot / paid / should / have) attention to the announcement.

I ________________________ attention to the announcement.

announcement 名アナウンス，告知

□ (5) Jenniferは昨夜遅くまで起きているべきではなかったのに。

Jennifer (stayed up / not / have / ought / should) late last night.

Jennifer ________________________ late last night.

解答

(1) The detective (might have been seen) to follow the man.

▶ might have *done*。知覚動詞の受動態 *be* seen to *do*… にも注意(▶❷-3 p.30)。should が不要。

(2) She (must have studied) very hard. ▶ must have *done*。might が不要。

(3) The boss (cannot have been informed of) it by then.

▶ cannot have *done*。shouldn't が不要。*be* informed of *A*「Aを知らされている」は▶❷-3 p.30。

(4) I (should have paid) attention to the announcement. ▶ should have *done*。cannot が不要。

(5) Jennifer (should not have stayed up) late last night.

▶ should not have *done*。ought を使うなら to が必要なので，ought が不要。

ドリル 1 2 3 **4**

(1)～(5) の下線部を埋めて，英文を完成させましょう。

048

□ (1) Hina は道に迷ったのかもしれない。

Hina ＿＿＿＿＿＿＿＿＿＿＿＿＿＿＿＿＿＿＿＿ way.

□ (2) 私の兄は昨夜遅くまで起きていたにちがいない。

＿＿＿＿＿＿＿＿＿＿＿＿＿＿＿＿＿＿＿＿ late last night.

□ (3) Michiko がそんなミスをしたはずがない。

Michiko ＿＿＿＿＿＿＿＿＿＿＿＿＿＿＿＿＿＿＿＿ a mistake.

□ (4) 父は私たちに謝るべきだったのに。 (apologize を使って)

Father ＿＿＿＿＿＿＿＿＿＿＿＿＿＿＿＿＿＿＿＿ us.

□ (5) 私は彼を疑うべきではなかったのに。 (doubt を使って)

I ＿＿＿＿＿＿＿＿＿＿＿＿＿＿＿＿＿＿＿＿.

Chapter 4

解 答

(1) Hina may [might / could] have lost her way.

(2) My brother must have stayed [sat] up late last night.

(3) Michiko cannot have made such a mistake. ▶ cannot は縮約形 can't も可。

(4) Father should have apologized to us.

(5) I should not [ought not to] have doubted him.

▶ should not，ought not to はそれぞれ縮約形 shouldn't，oughtn't to も可。

Chapter

5 接続詞と疑問詞

ドリルの前に
ざっと確認！

1 名詞節をつくる接続詞

学習ページ 1. (p.68)

❶ 接続詞that + S' V' ...

「…（という）こと」の意味で，全体で大きな**名詞**の働きをする。

(1) **That** S' V' ... is ～ ➡ **It** is ～ **that** S' V' ...：that 節が**主語**の働き。ただし that 節が長くなるのでふつう**形式主語 it** を用いて表現する。

例 **That** Luke is a detective is true. ➡ **It** is true **that** Luke is a detective.
Luke が刑事である**こと**は本当だ。

(2) S V **that** S' V' ...：that 節が**目的語**または**補語**の働きをする。

例 I believe **that** Alex is innocent. 私は Alex が無罪である**こと**を信じている。〈目的語〉
The problem is **that** he is not a doctor. 問題は彼が医師ではない**こと**だ。〈補語〉

(3) S V **it** C **that** S' V' ...：**第 5 文型の目的語**の場合，**形式目的語 it** を用いて表現する。

例 I think **it** true **that** Joe is a surgeon. Joe が外科医である**こと**は本当だと思う。

❷ 名詞 + 接続詞that + S' V' ...

that 節が直前の名詞を説明する〈**同格**〉。「**…という**」と訳す。

例 Lucy knows the fact **that** he is innocent. Lucy は彼が無罪だ**という**事実を知っている。

❸ 接続詞whether + S' V' ...

「**…かどうか**」の意味で，全体で大きな**名詞**の働きをする。

例 **Whether** we can go on an excursion depends on the weather.
私たちが遠足に行ける**かどうか**は天気次第だ。 ❗名詞節は単数扱いなので depends と -s がつく。

I don't know **whether** Rin likes you. = I don't know **if** Rin likes you.
私は Rin があなたを好き**かどうか**知らない。 ❗動詞の目的語の位置のときだけ **if** と交換可能。

2 疑問詞を使った疑問文と間接疑問文

学習ページ 2. (p.72)

❶ 主な疑問詞

what, when, where, who, which, why, whose(＋名詞), how(＋形容詞[副詞])

❷ 間接疑問文

〈疑問詞＋(S') V' ...〉で**名詞節**をつくる。節内に倒置は起きず，(S') V' ... の語順になる。

例 I asked Eva **where** she lived [× did she live]. 私は Eva に**どこに**住んでいるか聞いた。

❸ 注意したい疑問文の形

(1) **疑問詞**＋do you think＋(S') V' ...?：疑問詞の内容を尋ねるので疑問詞が前に出る。

例 **How old** do you think Ian is?　Ian は**何歳**だと思いますか。

(2) Do you know＋**疑問詞**＋(S') V' ... ?：知っているかを尋ねるので Do you know が前。

例 Do you know **how old** Ian is?　Ian が**何歳**か知っていますか。

3 副詞節をつくる接続詞

❶「時」を表す副詞節

学習ページ 3. (p.76)

when「…とき」, while「…間」, before [after]「…前［後］」, since「…以来」,
as soon as「…すぐに」, the moment [instant]「…すぐに，瞬間に」,
every [each] time「…のたびに」, (the) next time「次に…するとき」,
as long as「…の間は」, until [till]「…までずっと」, by the time「…までに」

① until [till] は「継続の終点」を表し，主節には「継続性」がある。一方 by the time は「期限」を表す。

❷「条件」を表す副詞節

学習ページ 4. (p.80)

if「もし…ならば」, unless「…でない限り，…の場合を除いて」,
once「いったん…すると」, as long as「…しさえすれば」, as far as「…する限り」

① as long as は「同じ時間の長さ」の意味から派生して「最低限の条件」の意味が生まれ，as far as は「同じ距離」の意味から派生して「空間的な範囲」や「知識の範囲」,「限界」などの意味が生まれた。

※「時」と「条件」の副詞節では，未来のことでも原則 will を使わず，現在（完了）形を用いる。

例 I'll stay at home **if** it **snows** [× will snow] tomorrow.　明日**雪が降ったなら**家にいる。

❸「原因・理由」「目的」「結果・程度」「譲歩」を表す副詞節

学習ページ 5. (p.84)

(1)「原因・理由」を表す接続詞

because「…だから，なぜなら…」, since「…だから」, now that「(今や) …だから」

① since は相手も知っていることを理由にするときに用い，〈Since ＋ S' V' ..., S V 〜〉の語順が多い。

(2)「目的」を表す接続詞

so that「…するために」, in case「…する場合に備えて，…するといけないので」,
for fear [that]「…するといけないから」

(3)「結果・程度」を表す接続詞

〈**so**＋形容詞［副詞］＋**that** S' V' ...〉「とても〜なので…だ，…くらい〜だ」,
〈**such** a [an]＋形容詞＋名詞＋**that** S' V' ...〉「とても〜なので…だ，…くらい〜だ」

①〈× so a [an]＋形容詞＋名詞＋that ...〉は不可で，〈so＋形容詞＋a [an]＋名詞＋that ...〉の語順となる。

(4)「譲歩」を表す接続詞

although [though]「…だけれども」, even though「…だけれども」,
even if「たとえ…だとしても」, whether ... *A* or *B*「A であろうと B であろうと」

1 ››› 名詞節をつくる接続詞 名詞の働きをする〈接続詞＋S' V' ...〉

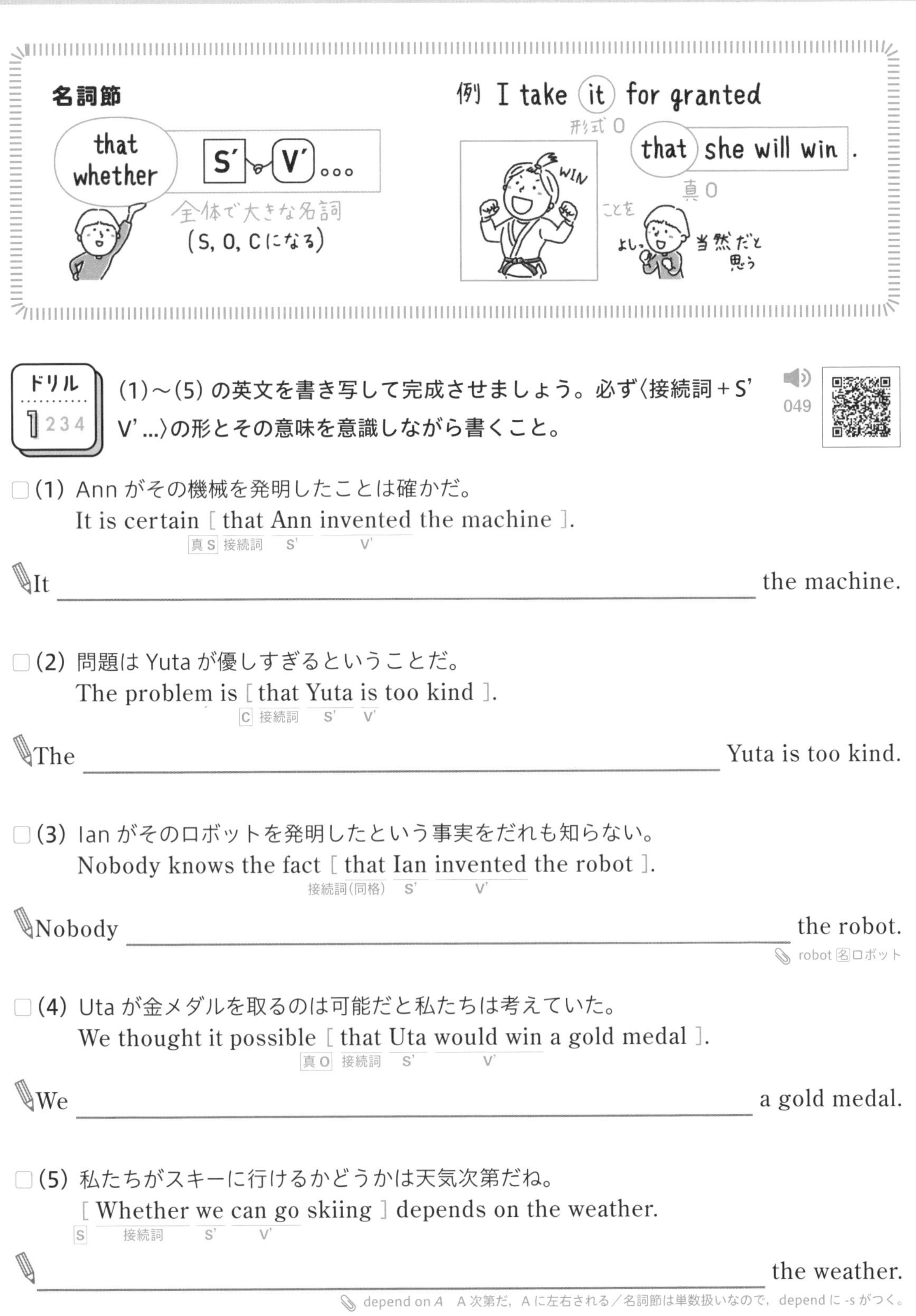

ドリル 1 2 3 4

(1)～(5) の英文を書き写して完成させましょう。必ず〈接続詞＋S' V' ...〉の形とその意味を意識しながら書くこと。

049

□ (1) Ann がその機械を発明したことは確かだ。
It is certain [that Ann invented the machine].
真S 接続詞 S' V'

It ______________________________ the machine.

□ (2) 問題は Yuta が優しすぎるということだ。
The problem is [that Yuta is too kind].
C 接続詞 S' V'

The ______________________________ Yuta is too kind.

□ (3) Ian がそのロボットを発明したという事実をだれも知らない。
Nobody knows the fact [that Ian invented the robot].
接続詞(同格) S' V'

Nobody ______________________________ the robot.

robot 名 ロボット

□ (4) Uta が金メダルを取るのは可能だと私たちは考えていた。
We thought it possible [that Uta would win a gold medal].
真O 接続詞 S' V'

We ______________________________ a gold medal.

□ (5) 私たちがスキーに行けるかどうかは天気次第だね。
[Whether we can go skiing] depends on the weather.
S 接続詞 S' V'

______________________________ the weather.

depend on *A* A 次第だ，A に左右される／名詞節は単数扱いなので，depend に -s がつく。

Hints!

〈接続詞＋S' V' ...〉の意味のまとまりを意識すること。名詞節は，このまとまりが名詞として機能し，主語・目的語・補語の働きをする。

(1)～(5) の[　]内から英文に合う適切なものを選びましょう。

050

□ (1) Ryan が何かを隠しているのは明らかだ。

It is clear [① that／② whether] Ryan is hiding something.

Chapter 5

□ (2) 私はうそをついたことを後悔している。実のところは，私が悪かったのだ。

I regret [① that／② if] I told a lie. The truth is [① that／② whether] I was wrong.

lie 名 うそ

□ (3) 彼が亡くなったという知らせは，私の家族にとってショックだ。

The news [① that／② which] he passed away is a shock to my family.

pass away　死ぬ（die の遠回し表現）

□ (4) 私たちはそれを達成するのに何年もかかるのを当然だと思っていた。

We took it for granted [① whether／② that] it would take many years to achieve it.

〈it takes＋時間＋(for *A*) to *do*...〉（A が）…するのに（時間）がかかる

□ (5) 問題は私が留学するのをパパが許してくれるかどうかなの。

The problem is [① if／② whether] my dad will allow me to study abroad or not.

解答

(1) ①

(2) ①／①　▶両方とも名詞節（1 つめは目的語，2 つめは補語）を導く接続詞の that。

(3) ①

(4) ②　▶take it for granted that S' V' ...「…を当然だと思う」の構文。

(5) ②　▶補語の位置に whether＋S' V' ...「…かどうか」の名詞節が入っている。主語や補語の位置では whether を if に交換できない。

(1)～(5) の(　)内の語句を並べ替え，英文を完成させましょう。
文頭の語は大文字で始めること。

051

□ (1) マチュピチュに行ったことがあるって本当ですか。

(that / it / is / true) you have been to Machu Picchu?

________________ you have been to Machu Picchu?

Machu Picchu 名 マチュピチュ（ペルー中南部の古代インカ要塞都市遺跡）

□ (2) Tom は破ってしまった約束の埋め合わせをしなかったことを後悔している。

Tom (that / didn't make / he / regrets) up for his broken promise.

Tom ________________ up for his broken promise.

□ (3) Adam が昔メジャーリーガーだったといううわさを，私は信じられない。

I can't believe (used / that / Adam / the rumor) to be a major leaguer.

I can't believe ________________ to be a major leaguer.

□ (4) 彼は妻が家事をするのを当然だと思っている。

He (for granted / takes / it / that) his wife does housework.

He ________________ his wife does housework.

□ (5) 私は父に，留学してもいいかどうか尋ねた。

I asked (may / I / whether / my father) study abroad.

I asked ________________ study abroad.

解 答

(1) (Is it true that) you have been to Machu Picchu?
(2) Tom (regrets that he didn't make) up for his broken promise.
(3) I can't believe (the rumor that Adam used) to be a major leaguer.
(4) He (takes it for granted that) his wife does housework.
(5) I asked (my father whether I may) study abroad. ▶このwhether ... は目的語の位置にあるので，ifに交換可。

ドリル 1 2 3 **4**

(1)～(5) の下線部を埋めて，英文を完成させましょう。

052

□ **(1)** John がうそをついたのは確か(certain)だ。

It ________________________________ a lie.

□ **(2)** 問題(problem)は，彼がそれの埋め合わせをしなかったことだ。

The ________________________________ for it.

Chapter 5

□ **(3)** 彼が昔プロボクサーだったという事実をだれも知らない。

Nobody ________________________________ to be a pro boxer.

pro boxer　プロボクサー

□ **(4)** 君の妻が家事をするのを当たり前だと思ってはいけないよ。

You must ________________________________

________________________________ does housework.

□ **(5)** 私が留学できるかどうかは，パパ次第なの。

________________________________ on my dad.

解答

(1) It is certain that John told a lie.

(2) The problem is that he did not make up for it.　▶did not は縮約形 didn't も可。

(3) Nobody knows the fact that he used to be a pro boxer.

(4) You must not take it for granted that your wife does housework.

(5) Whether I can study abroad (or not) depends on my dad.

2 ››› 疑問詞　疑問詞を使った疑問文と間接疑問文

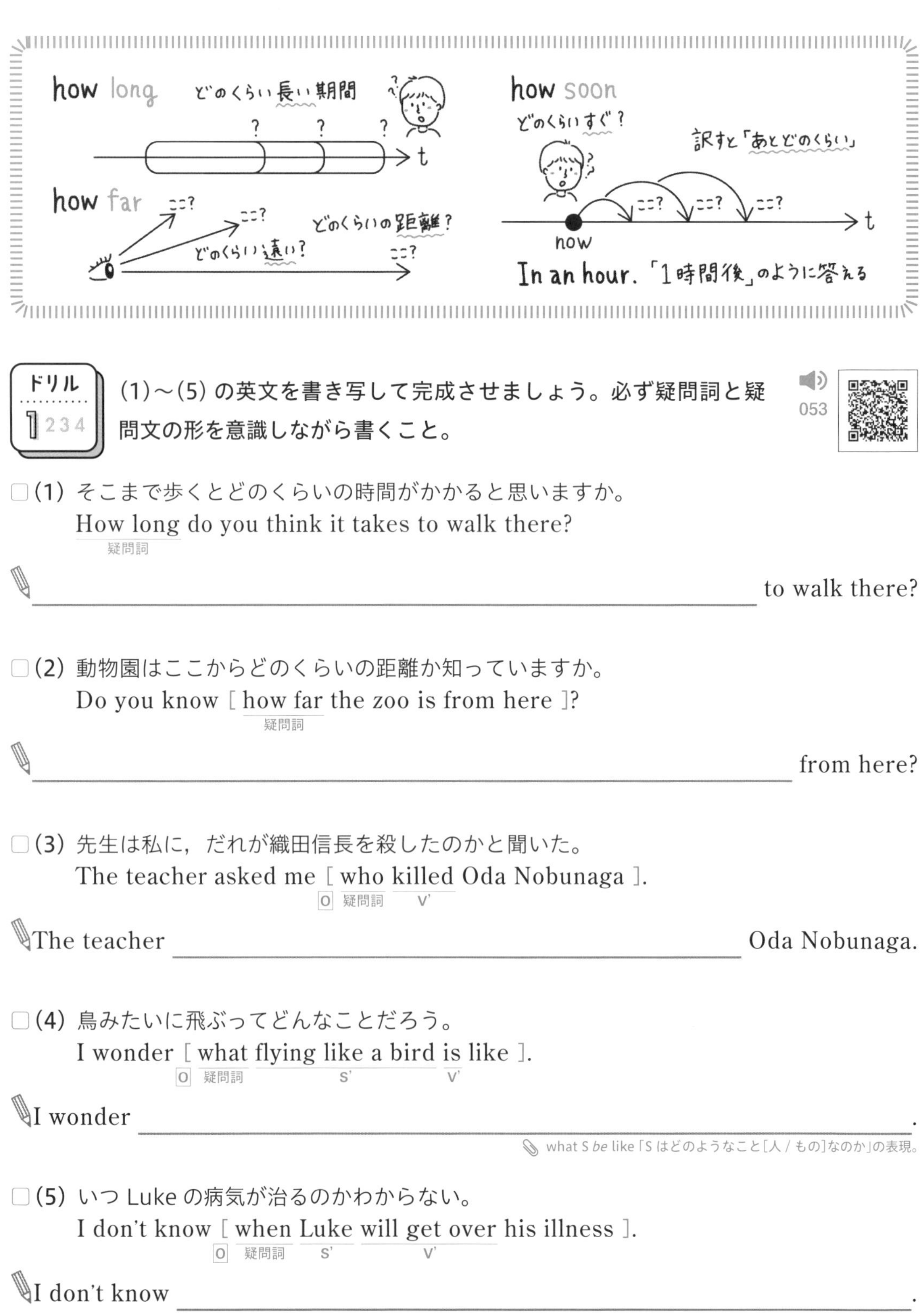

ドリル 1 2 3 4

(1)～(5) の英文を書き写して完成させましょう。必ず疑問詞と疑問文の形を意識しながら書くこと。

053

□ (1) そこまで歩くとどのくらいの時間がかかると思いますか。

How long do you think it takes to walk there?
（How long：疑問詞）

＿＿＿＿＿＿＿＿＿＿＿＿＿＿＿＿＿＿＿＿ to walk there?

□ (2) 動物園はここからどのくらいの距離か知っていますか。

Do you know [how far the zoo is from here]?
（how far：疑問詞）

＿＿＿＿＿＿＿＿＿＿＿＿＿＿＿＿＿＿＿＿ from here?

□ (3) 先生は私に，だれが織田信長を殺したのかと聞いた。

The teacher asked me [who killed Oda Nobunaga].
（who：O 疑問詞　killed：V'）

The teacher ＿＿＿＿＿＿＿＿＿＿＿＿＿＿＿＿ Oda Nobunaga.

□ (4) 鳥みたいに飛ぶってどんなことだろう。

I wonder [what flying like a bird is like].
（what：O 疑問詞　flying like a bird：S'　is：V'）

I wonder ＿＿＿＿＿＿＿＿＿＿＿＿＿＿＿＿＿＿＿＿.

what S *be* like「Sはどのようなこと[人 / もの]なのか」の表現。

□ (5) いつ Luke の病気が治るのかわからない。

I don't know [when Luke will get over his illness].
（when：O 疑問詞　Luke：S'　will get over：V'）

I don't know ＿＿＿＿＿＿＿＿＿＿＿＿＿＿＿＿＿＿＿＿.

S get over *one's* illness　Sは病気が治る

Hints!

〈how many＋可算名詞〉「(数が)どのくらい多くの～」と〈how much＋不可算名詞〉「(量が)どのくらい多くの～」の違いにも注意。

(1)～(5) の[　]内から英文に合う適切なものを選びましょう。

054

□ (1) あとどのくらいで彼がここに来ると思いますか。

[① How soon／② How long] do you think he will come here?

Chapter 5

□ (2) どのくらいのボランティアがそのイベントに参加するか知っていますか。

Do you know [① how many／② how much] volunteers will take part in the event?

□ (3) それが終わるのなら，だれがそれをするかはどうでもいい。

It doesn't matter [① who／② whom] does it as long as it is done.

□ (4) 重要なことは君が大学で何を学びたいかだ。

The important thing is [① what／② why] you want to learn at university.

□ (5) Nora はなぜ上司とうまくいかないんだろう。

I wonder [① if／② why] Nora cannot get along with her boss.

get along with *A*　A とうまくやる，仲良くする

解答

(1) ①　▶ How long は「期間」を尋ねる疑問詞なので NG。

(2) ①　▶〈how many＋可算名詞〉で「どのくらい多くの～」を表す。volunteers は可算名詞なので，〈how much＋不可算名詞〉は NG。

(3) ①　▶疑問詞 who が間接疑問文内で主語の働きをしている。whom は目的語の働きをする場合に使う。

(4) ①　▶「何を」なので what を選ぶ。

(5) ②　▶「なぜ」なので why を選ぶ。

ドリル 1 2 3 4

(1)～(5) の( )内の語句を並べ替え，英文を完成させましょう。
文頭の語は大文字で始めること。

055 

□ (1) どのくらいの人がそのイベントに参加すると思いますか。

(people / will / do you think / how many) take part in the event?

________________________ take part in the event?

□ (2) あとどのくらいで会議が始まるか知っていますか。

(will / the meeting / do you know / how soon) start?

________________________ start?

□ (3) 織田信長はだれに殺されたのか教えてください。

Please tell me (Oda Nobunaga / by / was killed / who).

Please tell me ________________________.

□ (4) 宇宙にいるってどんなことか想像できない。

I can't imagine (being in space / what / like / is).

I can't imagine ________________________.

□ (5) 彼はデートでLisaをどこに連れて行くべきか考えている。

He is thinking of (take / he / where / should) Lisa on a date.

He is thinking of ________________________ Lisa on a date.

解答

(1) (How many people do you think will) take part in the event?

(2) (Do you know how soon the meeting will) start?

(3) Please tell me (who Oda Nobunaga was killed by).

▶ 本来 by の後ろの目的語が疑問詞になるのだから whom になるはずだが，現代英語では who のほうが好まれる。whom に置きかえることも可能。

(4) I can't imagine (what being in space is like).

(5) He is thinking of (where he should take) Lisa on a date.

(1)～(5) の下線部を埋めて，英文を完成させましょう。

□ (1) 動物園はここからどのくらいの距離だと思いますか。

__________________________________ from here?

□ (2) そこまで歩くとどのくらいの時間がかかるか知っていますか。

__________________________________ to walk there?

Chapter 5

□ (3) だれがそのボランティア活動に参加したのか私に教えてください。

Please tell ________________________ in the volunteer activity.

□ (4) 大学で何を学びたいかよく聞かれる。

I'm often asked ________________________ at university.

□ (5) いつ私の病気は治るのか知りたい。

I want to ______________________________ my illness.

解答

(1) How far do you think the zoo is from here?

▶「どのくらいの距離」かを尋ねるので，how far が前に出る。think の後ろの the zoo is の語順に注意。

(2) Do you know how long it takes [will take] to walk there?

▶「知っている」かどうかを尋ねるので，Do you know が前。long の後ろの it takes の語順に注意。

(3) Please tell me who took part in the volunteer activity. [Please tell me who participated in the volunteer activity.]

(4) I'm often asked what I want to learn [study] at university.

(5) I want to know when I will get over my illness.

▶この when 節は名詞節なので，未来の内容は現在形にならない。I will は縮約形 I'll も可。

3 ››› 副詞節をつくる接続詞① 「時」を表す副詞の働きをする〈接続詞＋S' V' ...〉

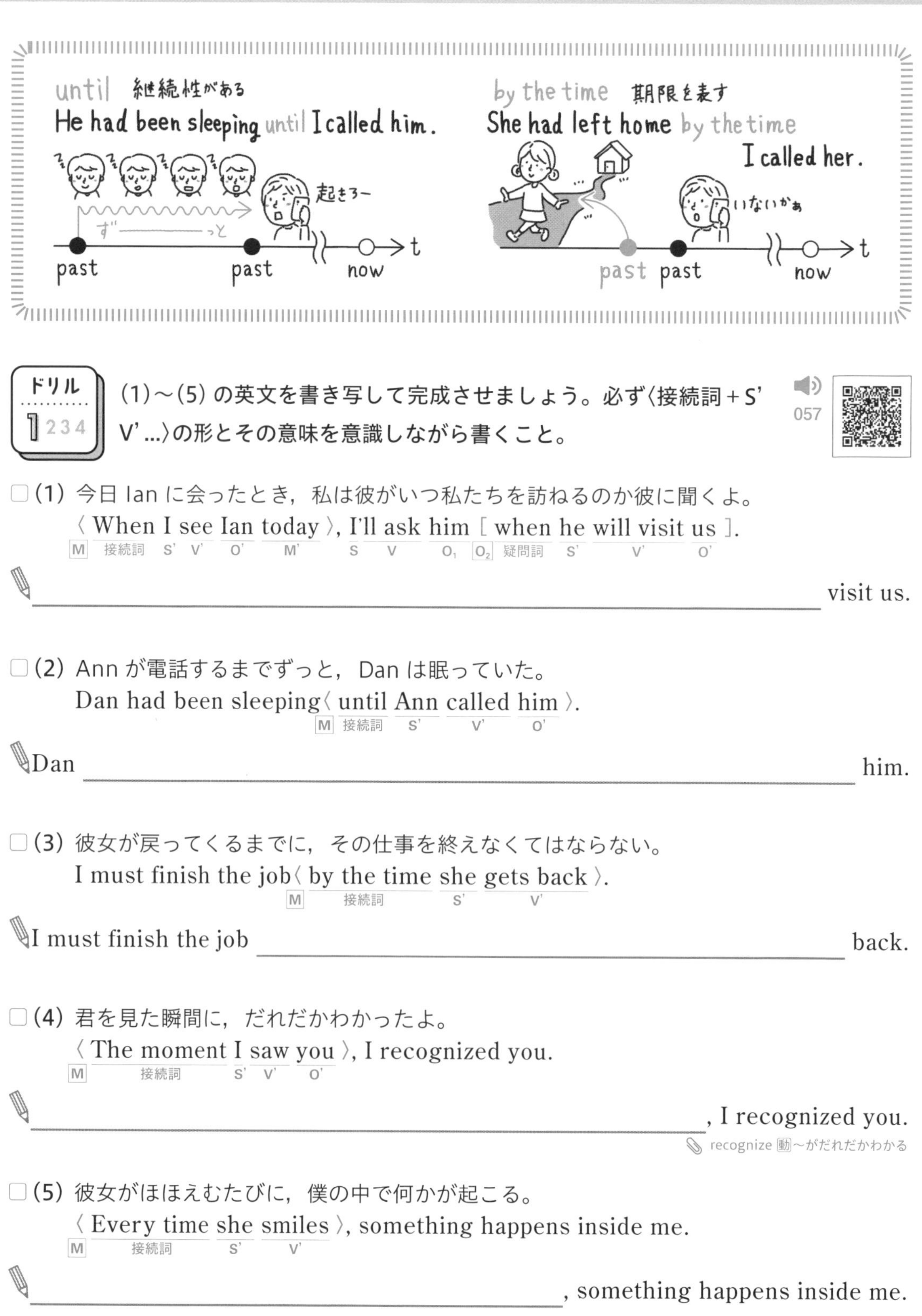

ドリル 1 2 3 4

(1)～(5) の英文を書き写して完成させましょう。必ず〈接続詞＋S' V' ...〉の形とその意味を意識しながら書くこと。

057

□ (1) 今日 Ian に会ったとき，私は彼がいつ私たちを訪ねるのか彼に聞くよ。

〈 When I see Ian today 〉, I'll ask him [when he will visit us].

M 接続詞 S' V' O' M' S V O_1 O_2 疑問詞 S' V' O'

＿＿＿＿＿＿＿＿＿＿＿＿＿＿＿＿＿＿＿ visit us.

□ (2) Ann が電話するまでずっと，Dan は眠っていた。

Dan had been sleeping 〈 until Ann called him 〉.

M 接続詞 S' V' O'

Dan ＿＿＿＿＿＿＿＿＿＿＿＿＿＿＿＿＿＿＿ him.

□ (3) 彼女が戻ってくるまでに，その仕事を終えなくてはならない。

I must finish the job 〈 by the time she gets back 〉.

M 接続詞 S' V'

I must finish the job ＿＿＿＿＿＿＿＿＿＿＿＿＿＿＿ back.

□ (4) 君を見た瞬間に，だれだかわかったよ。

〈 The moment I saw you 〉, I recognized you.

M 接続詞 S' V' O'

＿＿＿＿＿＿＿＿＿＿＿＿＿＿＿＿＿＿＿, I recognized you.

recognize 動 ～がだれだかわかる

□ (5) 彼女がほほえむたびに，僕の中で何かが起こる。

〈 Every time she smiles 〉, something happens inside me.

M 接続詞 S' V'

＿＿＿＿＿＿＿＿＿＿＿＿＿＿＿, something happens inside me.

Hints!

「時の副詞節」は時制に注意。未来のことでも原則 will を使わず，現在形［現在完了形］で表す。入試頻出！

(1)～(5) の［　］内から英文に合う適切なものを選びましょう。

058

□ (1) Ken は高校を卒業したあと，カナダに留学する。

Ken will study in Canada after he［① graduates／② will graduate］from high school.

Chapter 5

□ (2) 台風が過ぎ去るまで，外に出ちゃだめだよ。

You'd better not go out until the typhoon［① passes／② will pass］.

typhoon 名台風

□ (3) その鳥は冬が来るまでに南へと飛んでいくだろう。

The birds will fly to the south by the time winter［① will come／② comes］.

□ (4) Ren に会ったらすぐに，いつそれをするつもりなのか彼に聞いてみるよ。

As soon as I［① see／② will see］Ren, I'll ask him when he［① does／② will do］it.

□ (5) 次にうちにいらっしゃったときには，タイカレーを作りますね。

Next time you［① come／② will come］to our house, I will cook Thai curry.

解答

(1) ①　▶after 節は「時の副詞節」。未来のことでも原則 will は使わない。(2)～(5) も同様。

(2) ①　▶until 節は「時の副詞節」。

(3) ②　▶by the time 節は「時の副詞節」。

(4) ① / ②　▶as soon as 節は「時の副詞節」。後半の when 節は，ask O_1 O_2 の O_2 に入る名詞節。「意志」の will do が正解。

(5) ①　▶next time 節は「時の副詞節」。

(1)～(5) の(　)内の語句を並べ替え，英文を完成させましょう。

□ (1) 私がシャワーを浴びている間にその地震は起きた。

The earthquake (while / happened / taking / I was) a shower.

The earthquake ________________________________ a shower.

□ (2) 彼女が怒るまで Ryo はずっとテレビを見ていた。

Ryo (until / watching TV / she got / had been) angry.

Ryo ________________________________ angry.

□ (3) 私たちが乗る飛行機は，私たちが空港に着くときまでに出てしまっていた。

Our plane (the time / we / had left / by) arrived at the airport.

Our plane ________________________________ arrived at the airport.

□ (4) 私がベッドに入るとすぐに電話が鳴った。

As (as / got into / I / soon) bed, my phone rang.

As ________________________________ bed, my phone rang.

get into bed　ベッドに入る

□ (5) 次に名古屋に来るときには，その城を訪れたい。

I'd like to visit the castle (come to / time / I / next) Nagoya.

I'd like to visit the castle ________________________________ Nagoya.

解 答

(1) The earthquake (happened while I was taking) a shower.

▶ while S' *be doing*...「S' が…している間に」

(2) Ryo (had been watching TV until she got) angry.

(3) Our plane (had left by the time we) arrived at the airport.

(4) As (soon as I got into) bed, my phone rang.

(5) I'd like to visit the castle (next time I come to) Nagoya.

ドリル 1 2 3 **4**

(1)～(5) の下線部を埋めて，英文を完成させましょう。

060

□ (1) 今日 Tom に会ったときに，彼がいつタイに行くのか聞いてみるよ。

________________________________ today,

I'll ask him ________________________________ Thailand.

□ (2) 私が電話するまでずっと Sota はテレビを見ていた。

Sota had ________________________________ called him.

Chapter 5

□ (3) 彼が戻ってくるまでに，その仕事を終えなくてはならない。

I must finish ________________________________ back.

□ (4) Dan はベッドに入った瞬間に眠りに落ちた。

The ________________________________, he fell asleep.

□ (5) 私は君に会うたびに，君のお母さんを思い出す。

________________________________, I am reminded of your mother.

解答

(1) When I see [meet] Tom today, I'll ask him when he will go to Thailand.

▶ he will は縮約形 he'll も可。

(2) Sota had been watching TV until I called him.

(3) I must finish the job [work] by the time he gets [comes / is] back.

(4) The moment [instant] Dan got into bed, he fell asleep.

(5) Every [Each] time I see [meet] you, I am reminded of your mother.

4 >>> 副詞節をつくる接続詞② 「条件」を表す副詞の働きをする〈接続詞+S' V' ...〉

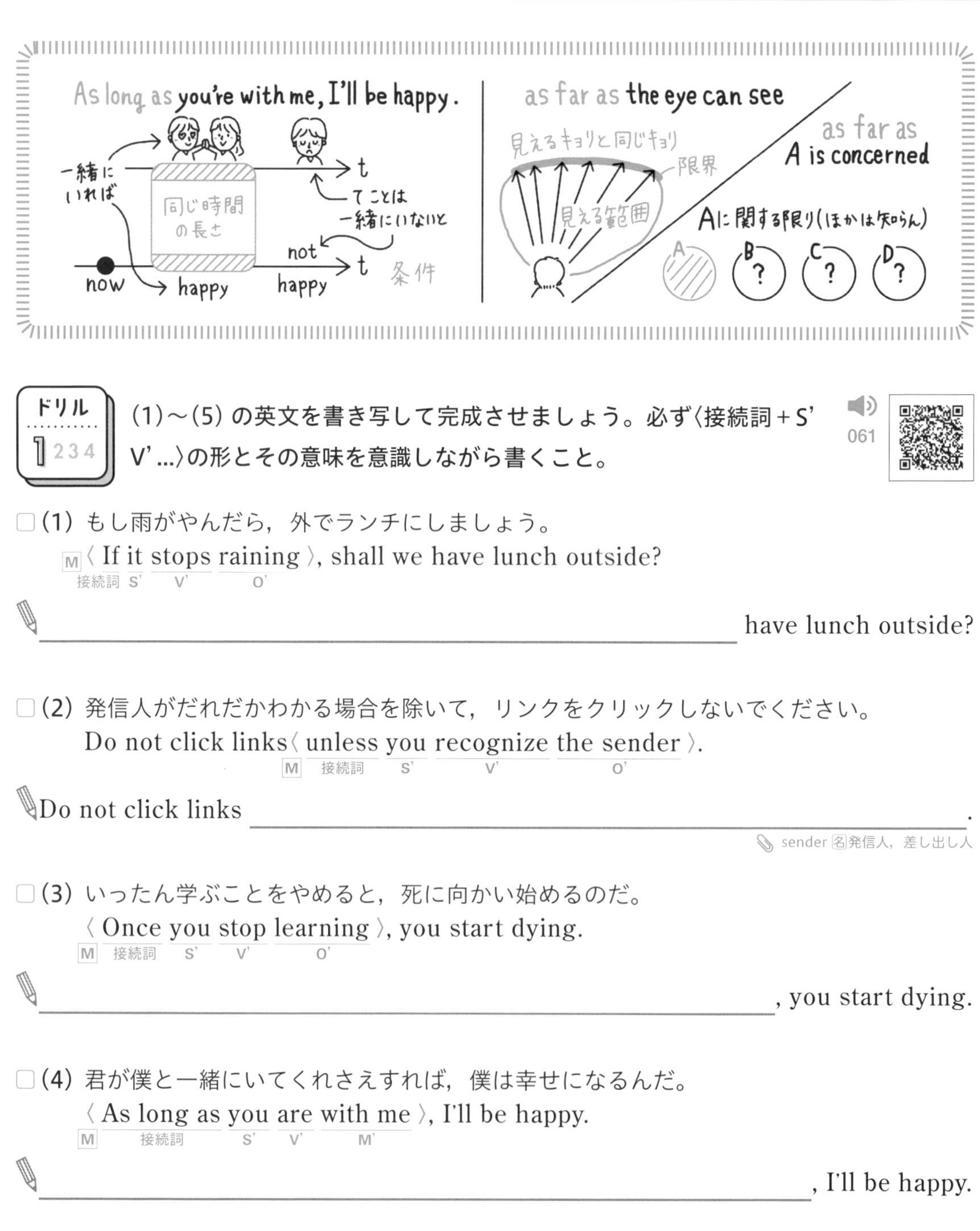
As long as you're with me, I'll be happy.
一緒にいれば
同じ時間の長さ
てことは一緒にいないと
now
happy
not happy
t
条件
as far as the eye can see
見えるキョリと同じキョリ
限界
見える範囲
as far as A is concerned
Aに関する限り(ほかは知らん)
A
B ?
C ?
D ?

ドリル 1 2 3 4

(1)～(5) の英文を書き写して完成させましょう。必ず〈接続詞＋S' V' ...〉の形とその意味を意識しながら書くこと。 061

□ (1) もし雨がやんだら，外でランチにしましょう。

M〈 If it stops raining 〉, shall we have lunch outside?
(If：接続詞　it：S'　stops：V'　raining：O')

______________________________ have lunch outside?

□ (2) 発信人がだれだかわかる場合を除いて，リンクをクリックしないでください。

Do not click links M〈 unless you recognize the sender 〉.
(unless：接続詞　you：S'　recognize：V'　the sender：O')

Do not click links ______________________________.

sender 名 発信人，差し出し人

□ (3) いったん学ぶことをやめると，死に向かい始めるのだ。

M〈 Once you stop learning 〉, you start dying.
(Once：接続詞　you：S'　stop：V'　learning：O')

______________________________, you start dying.

□ (4) 君が僕と一緒にいてくれさえすれば，僕は幸せになるんだ。

M〈 As long as you are with me 〉, I'll be happy.
(As long as：接続詞　you：S'　are：V'　with me：M')

______________________________, I'll be happy.

□ (5) 私が知る限りでは，Michiko はすばらしい外科医だ。

M〈 As far as I know 〉, Michiko is a great surgeon.
(As far as：接続詞　I：S'　know：V')

______________________________, Michiko is a great surgeon.

「ほかの情報は知らないが［あるかもしれないが］，私の知る限りでは」というニュアンス。

Hints!

「条件の副詞節」も「時の副詞節」と同様に，時制に注意すること。未来のことでも原則 will を使わず，現在形［現在完了形］で表す。こちらも入試頻出。

(1)～(5) の［　］内から英文に合う適切なものを選びましょう。

□ (1) それが君の望むことなら，頑張れよ！

If it［① will be／② is］what you want, go for it!

Go for it!　頑張れ！

Chapter 5

□ (2) 急がないと，学校に遅刻しちゃうよ。

You'll be late for school unless you［① hurry／② will hurry］.

□ (3) 一度 Mei と話をすれば，彼女を気に入るよ。

Once you［① will talk／② talk］with Mei, you'll like her.

□ (4) 彼の忠告に従ってさえいれば，かなり安全だよ。

As long as you［① will follow／② follow］his advice, you'll be quite safe.

□ (5) 私に関する限りでは，Ryan とはうまくやっている。

As far as I［① am／② will be］concerned, I am getting along with Ryan.

解答

(1) ②　▶ if 節は「条件の副詞節」。未来のことでも原則 will は使わない。(2)～(5) も同様。

(2) ①　▶ unless 節は「条件の副詞節」。unless は「…でない限り」のように否定の意味をふくむことも重要。

(3) ②　▶ once 節は「条件の副詞節」。

(4) ②　▶ as long as 節は「条件の副詞節」。

(5) ①　▶ as far as 節は「条件の副詞節」。

ドリル 1 2 3 4

(1)～(5) の(　)内の語句を並べ替え，英文を完成させましょう。文頭の語は大文字で始めること。

063

□ (1) 授業に集中すれば，時間はすぐにたちますよ。

(focus on / the class / you / if), time will pass quickly.

____________________, time will pass quickly.

focus on *A*　A に集中する

□ (2) Ryo は話しかけられない限り，めったに話さない。

Ryo rarely talks (talked to / he / unless / is).

Ryo rarely talks ____________________.

rarely 副 めったに～ない

□ (3) 一度そのルールに慣れちゃえば，簡単になるよ。

(get used to / the rule / you / once), it'll be easy.

____________________, it'll be easy.

get used to *A*　A に慣れる

□ (4) うちの息子はテレビを見てさえいれば，本当におとなしいんだ。

My son is really quiet (watches / long as / he / as) TV.

My son is really quiet ____________________ TV.

□ (5) 見渡す限り，湖が広がっている。

The lake stretches (far as / can / as / the eye) see.

The lake stretches ____________________ see.

stretch 動 (土地などが)広がる

解答

(1) (If you focus on the class), time will pass quickly.
(2) Ryo rarely talks (unless he is talked to).
(3) (Once you get used to the rule), it'll be easy.
(4) My son is really quiet (as long as he watches) TV.
(5) The lake stretches (as far as the eye can) see.

ドリル 1 2 3 **4**

(1)～(5) の下線部を埋めて，英文を完成させましょう。

064

□ (1) 授業に集中すれば，時間は飛んでいくよ。

__________________________, time will fly.

□ (2) 発信人がだれだかわかる場合を除いて，添付ファイルを開かないでください。

Do not open attachments __________________________ the sender.

attachment 名 添付ファイル

□ (3) 一度そのルールに慣れちゃえば，楽しめるよ。 (get used to を使って)

__________________________, you can enjoy yourself.

□ (4) 彼女が僕と一緒にいてくれさえすれば，ほかに何もいらないだろう。

As __________________________, I will not need anything else.

□ (5) 私が知る限りでは，John は信用できるよ。

As __________________________ trust John.

解答

(1) If you focus on the class, time will fly.

(2) Do not open attachments unless you recognize [know] the sender.

(3) Once you get used to the rule(s), you can enjoy yourself.

(4) As long as she is [stays] with me, I will not need anything else.

(5) As far as I know, you [we] can trust John.

5 >>> 副詞節をつくる接続詞③ 「原因・理由」などを表す副詞の働きをする〈接続詞+S' V' ...〉

Now that you mention it, I'm getting hungry.

君が言うから〜

言われてみれば

I'm hungry.

ぐう

ぐううう

so ... that 構文 such ... that 構文は

...so 形 a(n) 名詞 that S'V'...

...such a(n) 形 名詞 that S'V'...

語順に注意!

ドリル 1 2 3 4

(1)〜(5) の英文を書き写して完成させましょう。必ず〈接続詞＋S' V' ...〉の形とその意味を意識しながら書くこと。

065

□ (1) 彼は君の弟なんだから，君が彼を説得すべきだ。

〈Since he is your brother〉, you should persuade him.

M 接続詞 S' V' C'

______________________, you should persuade him.

persuade *A* (to *do*...) Aを(…するよう)説得する

□ (2) 君は今や18歳だから，投票に行くべきだよ。

〈Now that you're 18〉, you should go to the polls.

M 接続詞 S' V' C'

______________________, you should go to the polls.

go to the polls 投票所に行く，投票する

□ (3) それはとてもいい映画だったので，3回見た。

It was so good a movie〈that I saw it three times〉.

M 接続詞 S' V' O' M'

It ______________________ it three times.

□ (4) それに慣れるために，練習すべきだよ。

You should practice〈so that you can get used to it〉.

M 接続詞 S' V' O'

You should practice ______________________ it.

□ (5) 選手たちはベストを尽くしたけれども，試合には負けてしまった。

〈Although the players did their best〉, they lost the game.

M 接続詞 S' V' O'

______________________, they lost the game.

Hints!

接続詞の意味をしっかり覚えること。so ... that 構文と such ... that 構文は a(n)を置く位置に注意。

(1)～(5)の[　]内から英文に合う適切なものを選びましょう。

□ (1) 君がこの分野の専門家なのだから，君にそれについて話してほしいな。

[① Since／② Although] you are an expert in this field, I'd like you to talk about it.

Chapter 5

□ (2) そう言われてみれば，私もお腹が空いてきた。

[① Now that／② So that] you mention it, I'm getting hungry, too.

mention 動～に言及する／「君がそう言うから」→「そう言われてみれば」ということ。

□ (3) それはとてもおもしろいジョークだったので，皆がどっと笑いだした。

It was [① so／② such] a funny joke that everyone burst out laughing.

burst out laughing　どっと笑いだす

□ (4) Ken が勉強に集中できるように，静かにしなくてはならない。

We must be quiet [① for fear／② so that] Ken can focus on studying.

□ (5) だれもが反対するとしても，正しいことは正しい。

[① Since／② Even if] everyone is against it, what is right is right.

be against *A*　A に反対している（⇔ *be* for *A*）

解答

(1) ① ▶「原因・理由」の Since が正解。「譲歩」の Although は NG。

(2) ① ▶「原因・理由」の Now that が正解。「目的」の So that は NG。now that you mention it「そう言われてみれば」は口語でよく用いる慣用表現。

(3) ② ▶so は NG。so funny a joke の語順なら正解になり得る。

(4) ② ▶「目的」の so that が正解。「否定の目的」の for fear「～するといけないから」は NG。

(5) ② ▶「譲歩」の Even if が正解。「原因・理由」の Since は NG。

ドリル 1 2 **3** 4

(1)～(5) の(　)内の語句を並べ替え，英文を完成させましょう。文頭の語は大文字で始めること。

067

□ **(1)** John を信頼していないんだから，彼に頼むべきじゃなかったんだよ。

(you / trust / don't / since) John, you shouldn't have asked him.

____________________ John, you shouldn't have asked him.

□ **(2)** 試合は終わったんだから勝者を祝おう。

(that / is over / the game / now), let's congratulate the winner.

____________________, let's congratulate the winner.

congratulate 動 (人)を祝う

□ **(3)** それはとてもいい小説だったので 2 回読んだ。

It was (a / so / novel / good) that I read it twice.

It was ____________________ that I read it twice.

□ **(4)** Yuta を緊張させるといけないから，笑顔を絶やさずにいましょう。

Let's keep smiling (case / Yuta / we make / in) nervous.

Let's keep smiling ____________________ nervous.

□ **(5)** 両親が私の結婚に反対するとしても，私は彼と結婚します。

(if / are against / my parents / even) my marriage, I'll marry him.

____________________ my marriage, I'll marry him.

marriage 名 結婚

解答

(1) (Since you don't trust) John, you shouldn't have asked him.

(2) (Now that the game is over), let's congratulate the winner.

(3) It was (so good a novel) that I read it twice.　▶〈so＋形容詞＋a＋名詞＋that ...〉の語順。

(4) Let's keep smiling (in case we make Yuta) nervous.

(5) (Even if my parents are against) my marriage, I'll marry him.

ドリル 1 2 3 **4**　(1)～(5) の下線部を埋めて，英文を完成させましょう。

068

□ (1) あなたは私の息子なんだから，私に頼っていいんだよ。

________________, you can rely on me.

□ (2) テストは終わったんだから，リラックスしなよ！

Now ________________ over, just relax!

□ (3) それはいい試合だったので，観客は興奮した。

It ________________ that the spectators were excited.

spectator 名観客

□ (4) 君が Liz を怒らせるといけないから，口のきき方に注意しなさい。

Be careful about how you talk in ________________.

□ (5) 彼の両親は結婚に反対していたけれども，彼は Ann と結婚した。（against を使って）

____

________________ his marriage, he married Ann.

Chapter 5

解答

(1) Since you're [you are] my son, you can rely on me.

▶ Since の代わりに Because でもよいが，you are my son は聞き手が知っている内容なので，Since のほうがよい。As も OK。

(2) Now that the test [exam(ination)] is over, just relax!

(3) It was so good a game [was such a good game] that the spectators were excited.

▶ game は match でも可。

(4) Be careful about how you talk in case you make Liz angry.

(5) Although [Though / Even though] his parents were against his marriage, he married Ann.

Chapter

6 準動詞①

ドリルの前に
ざっと確認！

1 to不定詞（名詞的用法）と to不定詞の否定

学習ページ 1. (p.90)

❶ to不定詞（to *do*...）の名詞的用法

「…すること」の意味で，大きな**名詞**の働きをする。

●基本の文の形

(1) **To *do*...** V ～：to *do*... が**主語**の働き。

例 **To have** breakfast is important. 朝食**をとること**は重要だ。

(2) S V **to *do*...**：to *do*... が**目的語**または**補語**の働き。S V O to *do*... の形も。（▶❷-1 p.22）

!〈×前置詞＋to *do*...〉のように，前置詞の目的語にはなれないことに注意。

例 His dream is **to be** a pilot. 彼の夢はパイロット**になること**だ。〈補語〉

●注意したい文の形

(3) It is C **for *A* to *do*...**「*A* が…するのは C だ」：(1) で to *do*... が長くなる場合はふつう**形式主語 it** を用いて表現する。for *A* が to *do*... の**意味上の主語**。

例 **It** is important **for** you **to have** breakfast. 君が朝食**をとること**は重要だ。

(4) It is C **of *A* to *do*...**「*A* が…するのは C だ」：of *A* が to *do*... の**意味上の主語**。C には「人の性質や性格，人柄などを表す形容詞」が入る。kind「親切な」, clever [wise]「賢い」，stupid「ばかな」，careless「不注意な」，rude「失礼な」など。

例 **It** was kind **of** Tom **to carry** it. それ**を運んでくれるなんて** Tom は親切だった。

(5) S V **it** C **to *do*...**：**第 5 文型の目的語**の場合，**形式目的語 it** を用いて表現する。

例 I found **it** impossible **to do** it. それ**をすること**が不可能だとわかった。

❷ to不定詞の否定

to 不定詞の直前に **not** や **never** を置く。

例 It is important **not to do** it. それ**をしないこと**が重要だ。

2 to不定詞（形容詞的用法・副詞的用法）

学習ページ 2. (p.94)

❶ to不定詞の形容詞的用法

直前の（代）名詞を修飾して，**「…する～，…するための～，…するべき～」**の意味となり，大きな**形容詞**の働きをする。〈（代）名詞＋to *do*...〉の形が基本。

(1) かかる名詞が to *do*... の主語・目的語・前置詞の目的語の働きをする。

例 friends **to help** him 彼**を助ける**友だち〈主語〉

things **to do** now 今**するべき**こと〈目的語〉

a place **to live in** **住むための**場所〈前置詞の目的語〉

(2) to *do*... がかかる名詞の具体的な内容を説明する〈同格〉の関係。次のような名詞に対して使われる。promise, decision, plan, ability, freedom, chance, right「権利」など。

例 a decision **to say** it それを言う決心

❷ to不定詞の副詞的用法

動詞・形容詞・副詞や文全体を修飾する。「目的」「感情の原因」「判断の根拠」「結果」などを表す。

例 I woke up early **to go** for a walk. 私は散歩**するために**早く起きた。〈目的〉
I am happy **to talk** with you. 私はあなたと**お話しして**うれしい。〈感情の原因〉
Dan was careless **to talk** about it. それについて**話すなんて** Dan は不注意だった。〈判断の根拠〉
I went to the shop, **only to find** it closed.
その店に行った**が**，閉まっていると**わかっただけだった**。〈結果〉

※〈結果用法の慣用表現〉には wake up to find ...「目を覚ますと…に気づく」，grow up to be C「成長して C になる」，～, only to *do*...「～したが，…しただけだった」などがある。

Chapter 6

3 動名詞

学習ページ 3. (p.98)

動名詞（*doing*...）は「**…すること**」の意味で，大きな**名詞**の働きをする。

●基本の文の形

(1) ***Doing...*** V ～：*doing*... が**主語**の働き。

(2) S V ***doing...***：*doing*... が**目的語**または**補語**の働き。

(3) S V ～ 前置詞＋ ***doing...***：to 不定詞と違い，動名詞は**前置詞の目的語**にもなれる。

例 I got used to **taking** a rush hour train. 満員電車**に乗ること**に慣れた。

●注意したい文の形

(4) **意味上の主語＋否定＋*doing*...：動名詞の意味上の主語**を表したいときは，*doing* の直前に**所有格**か**目的格**を置く。**動名詞の否定**も *doing* の直前に **not** を置くが，意味上の主語と同時に使う場合は，〈意味上の主語＋否定＋*doing*...〉の語順となる。

例 She complained of **Ken('s)** **not** **cleaning** his room.
彼女は **Ken が**自分の部屋**を掃除し****ない**ことに文句を言った。

●動名詞を用いた注意したい慣用表現

object to O [*doing*...]	O[…すること]に反対する
look forward to O [*doing*...]	O[…すること]を楽しみにする
get [*be*] used to O [*doing*...]	O[…すること]に慣れる[慣れている]
when it comes to O [*doing*...]	O[…すること]ということになると
What do you say to O [*doing*...]?	O[…すること]はどうですか。
It is no use *doing*....	…しても無駄だ。
There is no *doing*....	…することはできない。

1 ››› to不定詞① 名詞的用法と否定

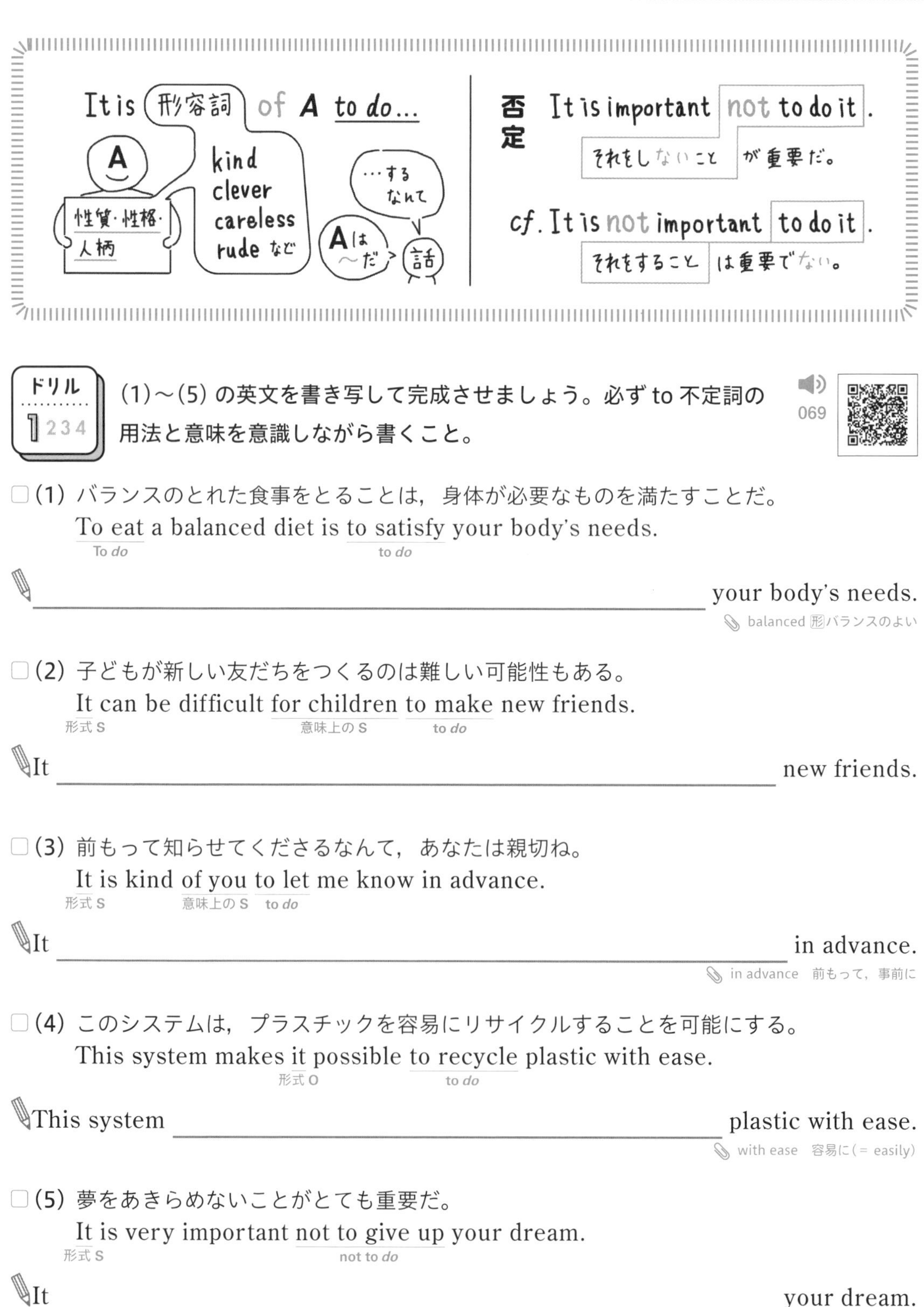

ドリル 1 2 3 4

(1)～(5) の英文を書き写して完成させましょう。必ず to 不定詞の用法と意味を意識しながら書くこと。

069

☐ (1) バランスのとれた食事をとることは，身体が必要なものを満たすことだ。

To eat a balanced diet is to satisfy your body's needs.
(To do / to do)

✎ ______________________________ your body's needs.

📎 balanced 形 バランスのよい

☐ (2) 子どもが新しい友だちをつくるのは難しい可能性もある。

It can be difficult for children to make new friends.
(形式 S / 意味上の S / to do)

✎ It ______________________________ new friends.

☐ (3) 前もって知らせてくださるなんて，あなたは親切ね。

It is kind of you to let me know in advance.
(形式 S / 意味上の S / to do)

✎ It ______________________________ in advance.

📎 in advance 前もって，事前に

☐ (4) このシステムは，プラスチックを容易にリサイクルすることを可能にする。

This system makes it possible to recycle plastic with ease.
(形式 O / to do)

✎ This system ______________________________ plastic with ease.

📎 with ease 容易に（= easily）

☐ (5) 夢をあきらめないことがとても重要だ。

It is very important not to give up your dream.
(形式 S / not to do)

✎ It ______________________________ your dream.

Hints!

It is C for *A* to *do*... と It is C of *A* to *do*... とでは，前者がよく見る形だが，入試では後者のほうがよく出題される。使われる形容詞に注意すること。

(1)～(5) の[ ]内から英文に合う適切なものを選びましょう。

070

□ (1) あなたがする必要があるのは，バランスのとれた食事をとることだけだ。

All you need to do is [① to eat／② to eating] a balanced diet.

□ (2) 私たちがいつも新しい情報を得ることが重要だ。

It is important [① of／② for] us to always get new information.

□ (3) 違う電車に乗るなんて，Sota は不注意だった。

It was careless [① of／② for] Sota to take the wrong train.

□ (4) 我々はプラスチックのリサイクルが低コストでできるとわかった。

We found it possible [① recycle／② to recycle] plastic at a low cost.

□ (5) Lisa は途中であきらめないことが重要だと思っている。

Lisa thinks it important [① not give／② not to give] up halfway.

halfway 副途中で

解答

(1) ① ▶All you need to do is (to) *do*... で「君がする必要があるのは，…することだけだ」という意味。(to) *do*... が補語の位置にある。

(2) ② ▶important「重要な」は「人の性質や性格，人柄などを表す形容詞」ではないので，of は NG。

(3) ① ▶careless「不注意な」は「人の性質や性格，人柄などを表す形容詞」なので of が正解。

(4) ② ▶SV it (形式目的語) C to *do*... の形。

(5) ② ▶think it C to *do*...「…することは C だと思う」の to *do* の否定は，to *do* の直前に not を入れる。

(1)～(5) の(　)内の語句を並べ替え，英文を完成させましょう。

□ (1) 君がする必要があるのは，彼のアドバイスに従うことだけだ。

All (to do / is / to follow / you need) his advice.

All ______________________________ his advice.

□ (2) Kate(にとって)は泣きたくても笑顔でいることが大切だった。

It was (smile / for Kate / important / to) even if she wanted to cry.

It was ______________________________ even if she wanted to cry.

□ (3) 前もって準備しておくなんて，彼女は賢明だった。

It (to prepare / of her / was / wise) in advance.

It ______________________________ in advance.

□ (4) 持続可能な社会をつくることは可能だと思う。

I (possible / think / to create / it) a sustainable society.

I ______________________________ a sustainable society.

sustainable 形持続可能な

□ (5) 先生たちは Ken を説得して部活を辞めさせなかった。

The teachers persuaded (not / quit / to / Ken) his club.

The teachers persuaded ______________________________ his club.

解 答

(1) All (you need to do is to follow) his advice.
(2) It was (important for Kate to smile) even if she wanted to cry.
(3) It (was wise of her to prepare) in advance.
(4) I (think it possible to create) a sustainable society.
(5) The teachers persuaded (Ken not to quit) his club.

▶persuade *A* to *do*...「A を説得して…させる」の to *do* の否定は，to *do* の直前に not を入れる。

ドリル 1 2 3 **4**

(1)～(5) の下線部を埋めて，英文を完成させましょう。ただし，to 不定詞を使った英文にすること。

072

□ (1) あなたの健康に対する私のアドバイスは，バランスのとれた食事をとることだ。

My advice for your health ________________________.

□ (2) 若者が新しい知識を得るのは重要だ。 (get を使って)

It ________________________ new knowledge.

□ (3) 違う電車に乗るなんて，君は不注意だったね。 (take を使って)

It ________________________ the wrong train.

Chapter 6

□ (4) この技術のおかげで，プラスチックを容易にリサイクルすることができた。

This technology made ________________________ with ease.

□ (5) 彼の父親は，夢をあきらめないように彼にアドバイスした。

His father advised ________________________ his dream.

解答

(1) My advice for your health is to eat [have] a balanced diet [meal].
(2) It is important for the youth [young people / the young] to get new knowledge.
(3) It was careless of you to take the wrong train.
(4) This technology made it possible to recycle plastic with ease.
(5) His father advised him not to give up (on) his dream.

2 ››› to不定詞② 形容詞的用法と副詞的用法

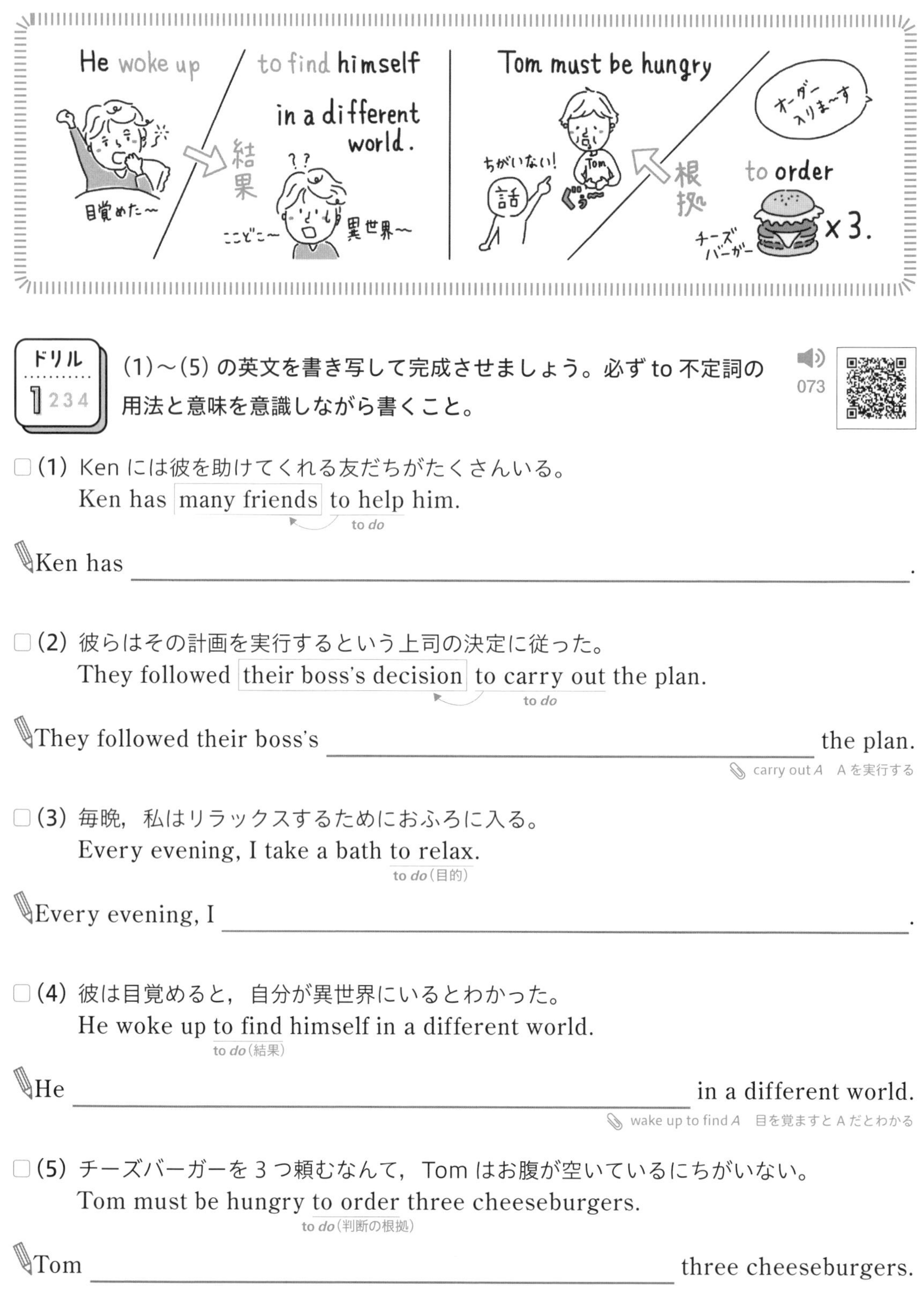

ドリル 1 2 3 4

(1)～(5) の英文を書き写して完成させましょう。必ず to 不定詞の用法と意味を意識しながら書くこと。

073

□ (1) Ken には彼を助けてくれる友だちがたくさんいる。
Ken has many friends to help him.
to *do*

Ken has ______________________________.

□ (2) 彼らはその計画を実行するという上司の決定に従った。
They followed their boss's decision to carry out the plan.
to *do*

They followed their boss's ______________________________ the plan.

carry out *A*　A を実行する

□ (3) 毎晩，私はリラックスするためにおふろに入る。
Every evening, I take a bath to relax.
to *do*（目的）

Every evening, I ______________________________.

□ (4) 彼は目覚めると，自分が異世界にいるとわかった。
He woke up to find himself in a different world.
to *do*（結果）

He ______________________________ in a different world.

wake up to find *A*　目を覚ますと A だとわかる

□ (5) チーズバーガーを 3 つ頼むなんて，Tom はお腹が空いているにちがいない。
Tom must be hungry to order three cheeseburgers.
to *do*（判断の根拠）

Tom ______________________________ three cheeseburgers.

Hints!

副詞的用法には「…するために」(目的)以外にもさまざまな意味がある。文脈に応じてどの意味か判断すること。慣用表現もしっかり覚えるとよい。

(1)～(5) の[　]内から英文に合う適切なものを選びましょう。

074

□ (1) 幸いなことに，Lisa には頼るべき大人がたくさんいる。

Fortunately, Lisa has many grown-ups [① rely on／② to rely on].

grown-up 名 大人

□ (2) 進化によって，人類は話す能力を手に入れたのだ。

Evolution gave human beings the ability [① talking／② to talk].

evolution 名 進化

□ (3) Jennifer は頭痛を取り除くために薬を飲んでいる。

Jennifer takes medicine [① get／② to get] rid of her headaches.

get rid of *A*　A を取り除く

□ (4) 私はスポーツクライミングに先週挑戦したのだが，足をけがしただけだった。

I tried sport climbing last week, only [① to hurt／② to hurting] my leg.

□ (5) Uta がその試合に勝ったという知らせを聞いて，僕らはとても興奮した。

We were very excited [① heard／② to hear] of the news that Uta won the game.

解答

(1) ②　▶形容詞的用法。かかる名詞 many grown-ups が，to rely on の目的語の働きをしている。

(2) ②　▶形容詞的用法。*be* able to *do*... の able が名詞になって the ability to *do*...「…できること，…する能力」になったと考えるとよい。

(3) ②　▶副詞的用法(目的)。

(4) ①　▶副詞的用法(結果)。only to *do*...「…しただけだった」の形。

(5) ②　▶副詞的用法(感情の原因)。

(1)～(5) の(　)内の語句を並べ替え，英文を完成させましょう。

□ (1) Ren はやるべきことが非常に多いのでイライラしている。

Ren has (that / many things / to do / so) he is annoyed.

Ren has ________________________________ he is annoyed.

be annoyed　イライラしている

□ (2) Tanaka 先生はもうタバコを吸わないという約束をした。

Mr. Tanaka (to smoke / made / not / a promise) anymore.

Mr. Tanaka ________________________________ anymore.

□ (3) John は風邪を治すために休養した。

John (to / rid / get / took a rest) of his cold.

John ________________________________ of his cold.

take a rest　休養する，休憩する

□ (4) Eva は目覚めると，家に自分ひとりしかいないことに気がついた。

Eva (find / to / woke up / herself) alone in the house.

Eva ________________________________ alone in the house.

□ (5) Liz を怒らせるなんて，彼は失礼だったにちがいない。

He must (rude / have been / make / to) Liz angry.

He must ________________________________ Liz angry.

解答

(1) Ren has (so many things to do that) he is annoyed.

▶かかる名詞 many things が to do の目的語の働きをしている。so ... that 構文に注意。▶❺-5 p.84

(2) Mr. Tanaka (made a promise not to smoke) anymore.

▶形容詞的用法の to 不定詞 to smoke の前に not がついた否定の形。

(3) John (took a rest to get rid) of his cold.

(4) Eva (woke up to find herself) alone in the house.

(5) He must (have been rude to make) Liz angry.

▶must have *done*...「…したにちがいない」にも注意。▶❹-2 p.62

ドリル 1 2 3 **4**

(1)～(5) の下線部を埋めて，英文を完成させましょう。ただし，to 不定詞を使った英文にすること。

076

□ (1) 幸いなことに，Yuta には頼るべき友だちがたくさんいる。

Fortunately, Yuta ______________________________.

□ (2) 私たちはその計画を実行するという彼女の決定に従った。

We followed ______________________________ out the plan.

□ (3) Ryan は疲れを取り除くためにおふろに入った。

Ryan ______________________________ of his tiredness.

tiredness 名疲れ，疲労

Chapter 6

□ (4) Ian は先週スケートボードに挑戦したのだが，足をけがしただけだった。

Ian tried skateboarding last week, ______________________________.

□ (5) 君の成功(your success)について聞いて，僕らはとてもうれしかったよ。

We were very happy ______________________________.

解答

(1) Fortunately, Yuta has many [a lot of] friends to rely on.

(2) We followed her decision to carry out the plan.

(3) Ryan took a bath (in order) to get rid of his tiredness.

▶ to 不定詞句が「目的」であることを，より明確に伝えたい場合は，in order to *do*...「…するために」を用いる。

(4) Ian tried skateboarding last week, only to hurt his leg(s).

(5) We were very happy to hear of [about] your success.

3 >>> 動名詞 名詞の働きをするdoing...

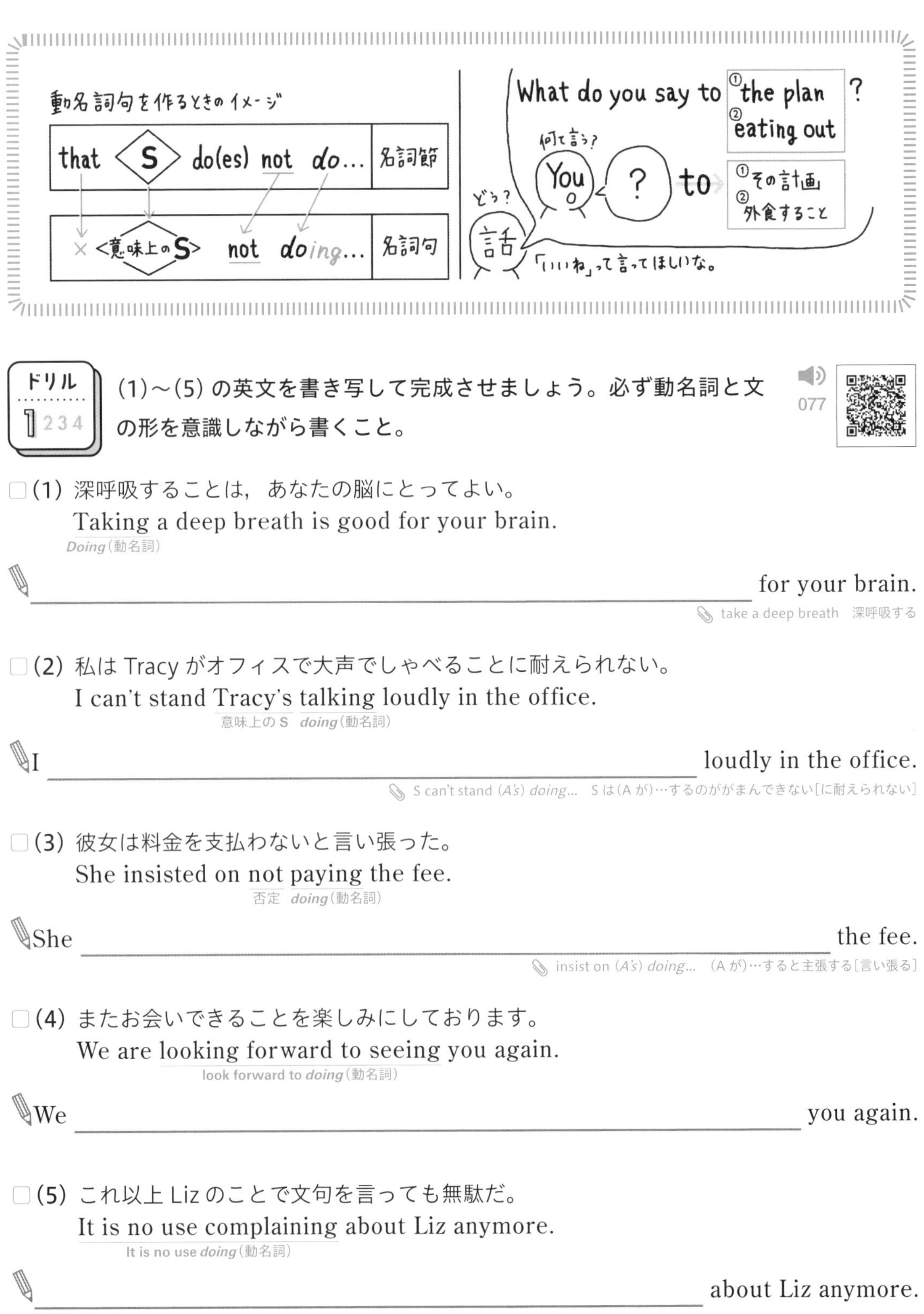

動名詞句を作るときのイメージ
that S do(es) not do... 名詞節
× <意味上のS> not doing... 名詞句
What do you say to ①the plan ②eating out ?
何て言う？
You
?
to
①その計画
②外食すること
どう？
話
「いいね」って言ってほしいな。

ドリル 1 2 3 4

(1)～(5) の英文を書き写して完成させましょう。必ず動名詞と文の形を意識しながら書くこと。

077

□ (1) 深呼吸することは，あなたの脳にとってよい。
Taking a deep breath is good for your brain.
Doing（動名詞）

＿＿＿＿＿＿＿＿＿＿ for your brain.

take a deep breath 深呼吸する

□ (2) 私は Tracy がオフィスで大声でしゃべることに耐えられない。
I can't stand Tracy's talking loudly in the office.
意味上の S *doing*（動名詞）

I ＿＿＿＿＿＿＿＿＿＿ loudly in the office.

S can't stand (*A's*) *doing*... S は (A が) …するのががまんできない［に耐えられない］

□ (3) 彼女は料金を支払わないと言い張った。
She insisted on not paying the fee.
否定 *doing*（動名詞）

She ＿＿＿＿＿＿＿＿＿＿ the fee.

insist on (*A's*) *doing*... (A が) …すると主張する［言い張る］

□ (4) またお会いできることを楽しみにしております。
We are looking forward to seeing you again.
look forward to *doing*（動名詞）

We ＿＿＿＿＿＿＿＿＿＿ you again.

□ (5) これ以上 Liz のことで文句を言っても無駄だ。
It is no use complaining about Liz anymore.
It is no use *doing*（動名詞）

＿＿＿＿＿＿＿＿＿＿ about Liz anymore.

Hints!

look forward to などの前置詞の to をふくむ表現に注意。前置詞 to に続ける動詞は原形ではなく *doing* にする。この *doing* は，ほかの名詞と交換しても意味が通じる。

(1)～(5) の[ ]内から英文に合う適切なものを選びましょう。

078

□ (1) 僕は歌うのは下手だけど，ギターを弾くのは上手だよ。

I am poor at [① to sing／② singing], but good at [① to play／② playing] the guitar.

□ (2) 私は彼が口に食べ物を入れたままでしゃべることに慣れることができない。

I can't get used to [① his／② he] talking with his mouth full.

with *one's* mouth full　口に食べ物を入れたままで

□ (3) Kate と 1 カ月も会えないことに耐えられない。

I can't stand [① not seeing／② seeing not] Kate for a month.

□ (4) 多くの人がより高い税金を払うことに反対した。

Many people objected to [① pay／② paying] higher taxes.

□ (5) 今夜外食するのはどうだい。

What do you say to [① eat／② eating] out tonight?

解答

(1) ② / ②　▶前置詞の目的語に to 不定詞は使えないので，to sing / to play は NG。

(2) ①　▶動名詞 talking の意味上の主語。所有格か目的格にする。この場合は目的格の him も OK。

(3) ①　▶動名詞の否定は，〈not + *doing*〉の語順。

(4) ②　▶object to the plan「その計画に反対する」の名詞句 the plan の代わりに，動名詞句 paying higher taxes「より高い税金を払うこと」が入ると考えるとよい。

(5) ②　▶What do you say to the plan?「その計画に対して何(いいね[嫌だ])と言う」の名詞句 the plan の代わりに，動名詞句 eating out tonight「今夜外食すること」が入ると考えるとよい。

(1)～(5) の(　)内の語句を並べ替え，英文を完成させましょう。

□ (1) Chris の趣味は野鳥の写真を撮ることだ。

Chris's (is / hobby / pictures / taking) of wild birds.

Chris's ________________________________ of wild birds.

□ (2) おそらく，ほかの人たちは彼女が大声でしゃべることに慣れたのだろう。

Probably, other people got (talking / her / to / used) loudly.

Probably, other people got ________________________________ loudly.

□ (3) Jack は Tracy と一緒にその仕事をしないと言い張った。

Jack insisted (the job / doing / on / not) with Tracy.

Jack insisted ________________________________ with Tracy.

□ (4) John は子どもたちが彼らだけでハイキングするのに反対した。

John (hiking / to / his children / objected) by themselves.

John ________________________________ by themselves.

□ (5) 明日，買い物に行くのはどうだい。

What (shopping / do you / going / say to) tomorrow?

What ________________________________ tomorrow?

解答

(1) Chris's (hobby is taking pictures) of wild birds.
(2) Probably, other people got (used to her talking) loudly.
(3) Jack insisted (on not doing the job) with Tracy.
(4) John (objected to his children hiking) by themselves.
(5) What (do you say to going shopping) tomorrow?

ドリル 1 2 3 **4**

(1)〜(5) の下線部を埋めて，英文を完成させましょう。ただし，動名詞を使った英文にすること。

080

□ (1) Chris は動物の写真を撮るのがとても上手だよ。

Chris is very ＿＿＿＿＿＿＿＿＿＿＿＿＿＿＿＿ of animals.

□ (2) 私は彼が口に食べ物を入れたまましゃべることに耐えられない。

I ＿＿＿＿＿＿＿＿＿＿＿＿＿＿＿＿ with his mouth full.

□ (3) その女の子はお父さんと一緒に動物園に行かないと言い張った。

The girl ＿＿＿＿＿＿＿＿＿＿＿＿＿＿＿＿ with her father.

□ (4) Lisa は今夜外食するのを楽しみにしている。

Lisa ＿＿＿＿＿＿＿＿＿＿＿＿＿＿＿＿ tonight.

□ (5) これ以上その仕事をしないと言い張っても無駄だ。

It is no ＿＿＿＿＿＿＿＿＿＿＿＿＿＿＿＿ the job anymore.

Chapter 6

解答

(1) Chris is very good at taking pictures [photographs / photos] of animals.

(2) I cannot stand his [him] talking [speaking] with his mouth full. ▶cannot は縮約形 can't も可。

(3) The girl insisted on not going to the zoo with her father.

(4) Lisa is looking forward to eating out tonight.

(5) It is no use [good] insisting on not doing the job anymore.

▶It is no use [good] *doing*「…しても無駄だ」の *doing* の位置に，insist on not doing が動名詞句になって入っている。

入試実戦演習❷ 大学入試問題にチャレンジ！

1 (　)内に入る最も適切なものを選びましょう。

□ (1) You had (　　) go to school because you have a terrible fever. 〈関西医科大〉

① not better　② better not　③ not better to　④ better not to

____

□ (2) As (　　) as I know, they are no longer living in Nagoya. 〈金城学院大〉

① far　② little　③ long　④ much

____

□ (3) We'll give you a call as soon as we (　　) at the airport. 〈青山学院大〉

① arrive　② arrived　③ were arriving　④ will arrive

____

□ (4) What do you say to (　　) for a cup of hot coffee? 〈関東学院大〉

① go　② going　③ have gone　④ having gone

____

□ (5) It was careless (　　) his homework at home. He needed it for today's class. 〈二松學舍大〉

① on him to leave　② of him to leave
③ to him by leaving　④ in him to leave

____

2 日本語に合うように(　)内の語句を並べ替え，英文を完成させましょう。

□ (1) 私は，当然彼女が留学するものだと考えていた。 〈中京大〉

I (for / granted / it / she / that / took) would study abroad.

I ________________________________ would study abroad.

□ (2) そのショーが始まる前に私は昼食を食べておくべきだったのに。 〈関西学院大〉

I (before / had / have / lunch / started / should / show / the).

I ____.

解答・解説

解答

1 (1) ② (2) ① (3) ① (4) ② (5) ②

2 (1) took it for granted that she

(2) should have had lunch before the show started

解説

1

(1) 助動詞（▶❹-1 p.58）の問題。had better not *do*...「…すべきでない，…してはだめだ」を見抜く。had better は 2 語で 1 つの助動詞の働きをするので，not は better の後ろに置く。②が正解。

(2) 副詞節をつくる接続詞（▶❺-4 p.80）の問題。as far as I know「私が知る限り」を見抜く。I「私」が知っている「知識の範囲」のことを表す①が正解。③の long では as long as S' V' ...「S' が…する間」や「S' が…しさえすれば」の意味になり，文脈に合わない。

(3)「時」を表す副詞節（▶❺-3 p.76）内の時制に関する問題。本文は未来の内容なので過去の②③は NG。as soon as S' V' ...「S' が…するとすぐに」は「時」の副詞節で，「時」と「条件」の副詞節では未来のことでも原則 will は使わないため，④も NG。現在形の①が正解。

(4) 動名詞の慣用表現（▶❻-3 p.98）の問題。What do you say to *doing*?「…することはどうですか」を見抜く。この表現は to の後ろに動名詞がくるので，to 不定詞の①は NG。②が正解。

(5) to 不定詞（▶❻-1 p.90）の問題。空所直前の careless が「人の性質を表す形容詞」であることを手掛かりに，It is C of *A* to *do*...「A が…するのは C だ」の構文を見抜く。②が正解。

2

(1) S take it for granted that S' V' ...「S は…を当然だと思う」の構文（▶❺-1 p.68）を見抜く。全文は I took it for granted that she would study abroad. となる。

(2)〈助動詞＋have *done*...〉（▶❹-2 p.62）と「時」の副詞節（▶❺-3 p.76）の問題。should have *done*...「…すべきだったのに」の *done*... の位置に have lunch「昼食を食べる」を入れて should have had lunch に，「そのショーが始まる前に」を before S' V' ...「S' が…する前に」で表現して，I should have had lunch before the show started. とする。

和訳

1
(1) ひどい熱があるのだから学校に行ってはだめだよ。
(2) 私が知る限り，彼らはもはや名古屋に住んでいない。
(3) 私たちが空港に着いたらすぐに，君に電話するよ。
(4) ホットコーヒーを飲みに行くのはどうですか。
(5) 家に宿題を置き忘れるなんて彼は不注意だった。今日の授業にそれが必要だったのだ。

Chapter

7 準動詞②

ドリルの前に
ざっと確認！

1 目的語になるto不定詞 *vs.* 動名詞

学習ページ 1. (p.106)

❶ to不定詞 (to *do*…) のみを目的語にする他動詞

V to *do*… の to *do*… が **「これから…する」のイメージ**になることが多い。

(1)「これから…する」願望を表す：want, hope, wish, expect など

(2)「これから…する」意志や計画を表す：attempt, decide, offer, plan, promise など

❷ 動名詞 (*doing*…) のみを目的語にする他動詞

V *doing*… の *doing*… が **「それまでに…している」「(頭の中で) …している」のイメージ**になることが多い。

(1)「それまでに…している」ことを終わらせる：finish, give up, quit, stop など

(2)「…している」状態にならないようにする：avoid, mind, put off, postpone など

(3)「…している」アイディアやイメージを検討・提案・想像：consider, suggest, imagine など

❸ to不定詞と動名詞の両方を目的語にするが意味が異なる他動詞

V to *do*… か V *doing*… かで意味が変わる。

(1) forget to *do*…「…するのを忘れる」/ forget *doing*…「…したことを忘れる」

(2) try to *do*…「…しようとする」/ try *doing*…「試しに…してみる」

(3) regret to *do*…「残念ながら…する」/ regret *doing*…「…したのを後悔する」

(4) remember to *do*…「忘れずに…する」/ remember *doing*…「…したのを覚えている」

2 to不定詞と動名詞の受動態・完了形

学習ページ 2. (p.110)

❶ to不定詞の受動態 (to be *done*…) と動名詞の受動態 (being *done*…)

例 Nobody likes **to be forced [being forced]**. だれも**強制されること**は好きではない。

❷ 完了不定詞 (to have *done*…) と完了動名詞 (having *done*…)

述語動詞よりも前の時制を表す場合は，完了不定詞・完了動名詞になる。

例 Terry seems **to have been** a pro boxer. Terry はプロボクサー**だった**ようだ。〈完了不定詞〉

! seems「～のように見える」のは現在。プロボクサーだったのは過去で，seems より前の時制。

※完了不定詞の受動態は to have been *done*…，完了動名詞の受動態は having been *done*…。

例 Lucy seems to **have been forced** to do the job.

Lucy はその仕事をし**なければならなかった**ようだ。〈完了不定詞の受動態〉

3 分詞の形容詞的用法

学習ページ 3. (p.114)

現在分詞（*doing*）は**「…している」**，**過去分詞**（*done*）は**「…される」**の意味。分詞は動詞から作った形容詞としての性質をもっているので，ふつうの形容詞と同じ位置で用いる。

(1) a(n)[the]＋***doing / done***＋名詞：分詞が1語のとき。

(2) a(n)[the]＋名詞＋***doing... / done...***：2語以上の分詞句のとき。

(3) S V ***doing... / done...***：「S が…している / …され(てい)る」の意味関係。

(4) S V O ***doing... / done...***：「O が…している / …され(てい)る」の意味関係。（▶❷-2 p.26）

※〈感情の分詞形容詞〉は分詞から生まれた形容詞で，分詞の意味を残している。

annoying / annoyed「(人を) イライラさせるような / イライラさせられる」，boring / bored「(人を) 退屈させるような / 退屈させられる」，confusing / confused「(人を) 混乱させるような / 混乱させられる」，disappointing / disappointed「(人を) がっかりさせるような / がっかりさせられる」，exciting / excited「(人を) 興奮させるような / 興奮させられる」，interesting / interested「(人に) 関心を持たせるような / 関心を持たせられる」，satisfying / satisfied「(人を) 満足させるような / 満足させられる」，surprising / surprised「(人を) 驚かすような / 驚かされる」

4 分詞構文

学習ページ 4. (p.118)

分詞構文は，**分詞句が副詞の働きをして文を修飾する。「…するときに」「…なので」「…しながら」**などの意味があるが，どの意味になるかは文脈から判断する。

●つくり方のポイント

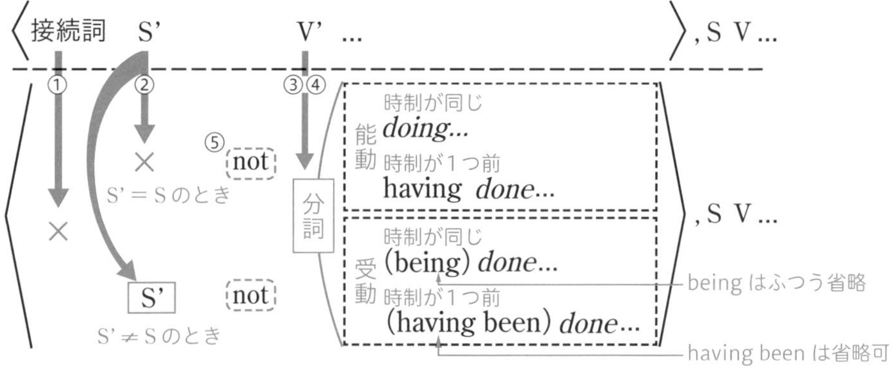

①接続詞：接続詞を省略する。

②意味上の主語：主節の S と同じなら S' を省略。違うなら S' をそのまま残す。

③④能動 *vs.* 受動／時制：能動態なら *doing*... か having *done*... に，受動態なら (being) *done*... か (having been) *done*... にする。ともに前者は V' と V の時制が同じとき，後者は V' の時制が V の時制の1つ前のときに使う。

⑤否定：否定の場合は，not を分詞の直前に置く。

1 >>> to不定詞と動名詞① 目的語になるto不定詞 *vs.* 動名詞

to *do*...のイメージ（例：to draw a picture）

残念ながら　やりたい　これから絵を描く(こと)　決心する　計画する　挑戦する　忘れずに　約束する

doing...のイメージ（例：drawing a picture）

やめる　想像する　終わらせる　考える　練習する　やっていたなぁ　延期する　描いている(こと)　覚えている

ドリル 1 2 3 4

(1)～(5) の英文を書き写して完成させましょう。必ず to 不定詞／動名詞のどちらを O にとるのかを意識しながら書くこと。

081

□ (1) 成功したいと思うなら，頑張って！
If you wish to succeed, go for it!
wish to *do*

If ＿＿＿＿＿＿＿＿＿＿＿＿＿＿＿＿, go for it!

□ (2) 選手たちは毎日，懸命にバッティングの練習をした。
The players practiced batting hard every day.
practice *doing*

The players ＿＿＿＿＿＿＿＿＿＿＿＿＿＿＿＿ every day.

□ (3) Jack の上司は彼の質問に答えるのを避けた。
Jack's boss avoided answering his question.
avoid *doing*

Jack's boss ＿＿＿＿＿＿＿＿＿＿＿＿＿＿＿＿ his question.

□ (4) Tracy は会議に出席し忘れた。
Tracy forgot to attend the meeting.
forget to *do*

Tracy ＿＿＿＿＿＿＿＿＿＿＿＿＿＿＿＿ the meeting.

attend 動 ～に出席する

□ (5) Lisa は冷静さを失ったことを後悔している。
Lisa regrets losing her temper.
regret *doing*

Lisa ＿＿＿＿＿＿＿＿＿＿＿＿＿＿＿＿.

lose *one's* temper　冷静さを失う，かんしゃくを起こす

Hints!

to 不定詞は主に「これから…すること」，動名詞は主に「そのとき…していること」「そのときまでに…していたこと」「頭の中で…していること」を表す。

(1)～(5) の[　]内から英文に合う適切なものを選びましょう。

082

□ (1) Yuta は古いおもちゃを処分することに決めた。

Yuta decided [① disposing／② to dispose] of his old toys.

dispose of *A*　A を処分する

□ (2) Adam は今年の夏，家族をハワイに連れて行くことを検討している。

Adam is considering [① taking／② to take] his family to Hawaii this summer.

□ (3) A: 手伝ってもらってもかまいませんか。
B: もちろんかまわないよ。
A: Would you mind [① helping／② to help] me?
B: Of course not.

□ (4) ヒースロー空港で Kate に偶然出会ったことを決して忘れないだろう。

I'll never forget [① coming／② to come] across Kate at Heathrow Airport.

□ (5) 残念ながら，彼女のコンサートが延期になったことをお伝えしなければなりません。

I regret [① saying／② to say] that her concert was put off.

Chapter 7

解答

(1) ②　▶decide to *do*...「…することに決める」「これから…する」のイメージ。

(2) ①　▶consider *doing*...「…することを考える，検討する」。この文の considering は現在分詞で，consider の目的語の位置に taking ～がきている。*doing* が 2 つ続いているが問題ない。

(3) ①　▶Would you mind *doing*...?「…していただいてもかまいませんか」の表現。

(4) ①　▶〈否定＋forget *doing*...〉「…したことを忘れない」

(5) ②　▶regret to *do*...「残念ながら…しなくてはならない」

(1)～(5) の(　)内の語句を並べ替え，英文を完成させましょう。
ただし，不要な語句が１つあります。

083

□ (1) John はだれにも言わないと約束した。

John promised (tell / telling / to / not) anyone.

John promised ______________________ anyone.

□ (2) Lily は最近転職することを検討している。

Lily (changing / to change / considering / is) jobs these days.

Lily ______________________ jobs these days.

change jobs　転職する

□ (3) 私たちは決断するのを来月まで延期することにした。

We decided to (to make / making / off / put) decisions until next month.

We decided to ______________________ decisions until next month.

□ (4) あなたと一緒に夕日を見たことを決して忘れないだろう。

I'll (forget / to see / seeing / never) the sunset with you.

I'll ______________________ the sunset with you.

the sunset　夕日

□ (5) Ken はあんな無礼なことを言ったことを後悔している。

Ken regrets (rude / such a / to say / saying) thing.

Ken regrets ______________________ thing.

解答

(1) John promised (not to tell) anyone.　▶telling が不要。
(2) Lily (is considering changing) jobs these days.　▶to change が不要。
(3) We decided to (put off making) decisions until next month.　▶to make が不要。
(4) I'll (never forget seeing) the sunset with you.　▶to see が不要。
(5) Ken regrets (saying such a rude) thing.　▶to say が不要。

ドリル 1 2 3 **4**

(1)～(5) の下線部を埋めて，英文を完成させましょう。

084

□ (1) 勝ちたいなら，君たちはもっと熱心にバッティングの練習をすべきだ。

If you wish ________________, you should ________________________ harder.

□ (2) Lucy は今，古着を処分することを検討している。

Lucy is ____ of her old clothes now.

□ (3) 難しい単語を使うのを避けてもらってもかまいませんか。

Would you mind ____?

□ (4) 次の会議には出席し忘れないでよ。

Don't ____ the next meeting.

□ (5) 残念ながら，お祭り (the festival) が延期になったことを言わなければなりません。

I regret ____ off.

Chapter 7

解答

(1) If you wish to win, you should practice batting harder.

(2) Lucy is considering disposing [getting rid] of her old clothes now.

(3) Would you mind avoiding using difficult words?

(4) Don't forget to attend the next meeting.

(5) I regret to say [tell you / inform you] (that) the festival was put off.

2 ››› to不定詞と動名詞② 受動態と完了形

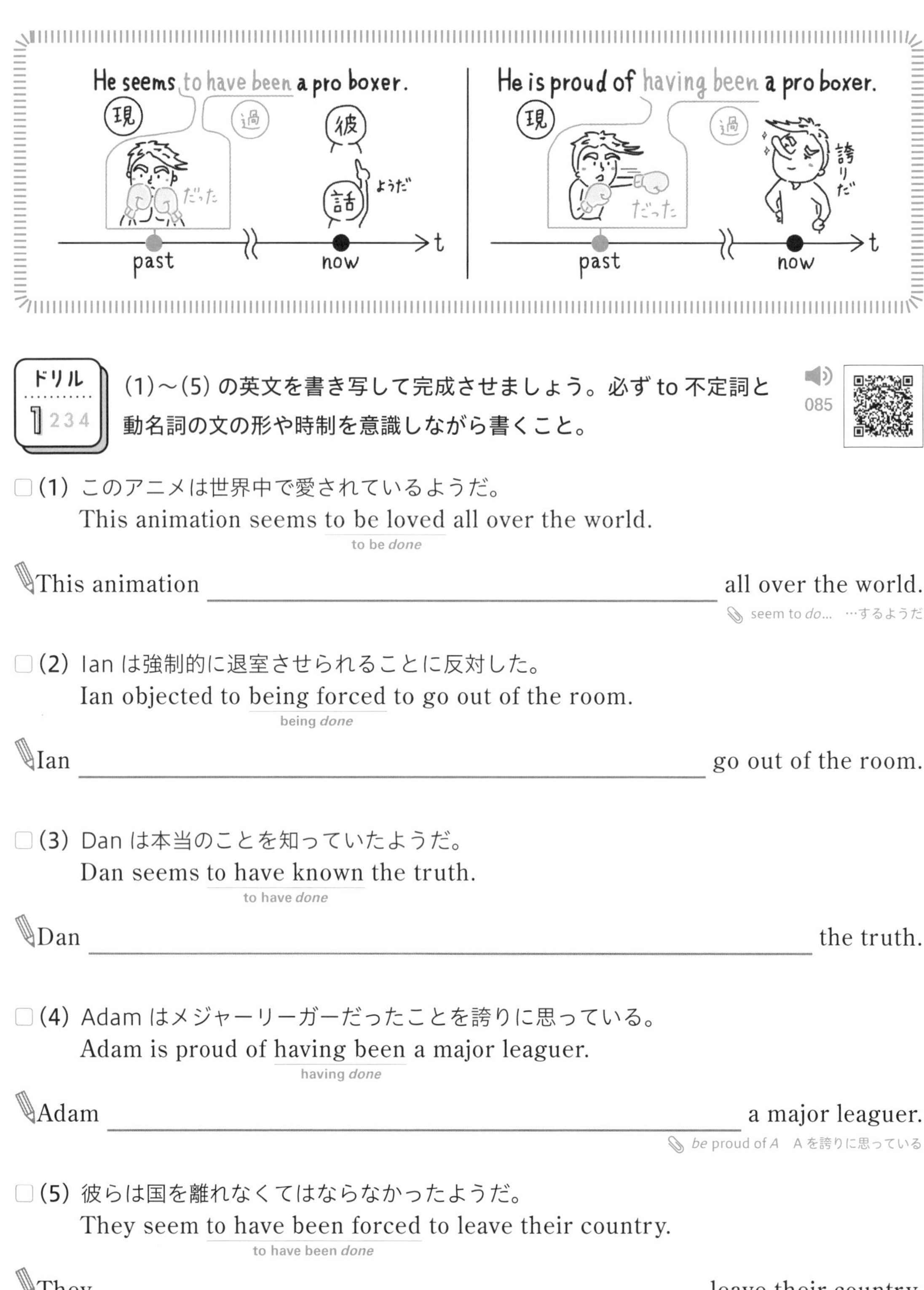

ドリル 1 2 3 4

(1)～(5) の英文を書き写して完成させましょう。必ず to 不定詞と動名詞の文の形や時制を意識しながら書くこと。

085

□ (1) このアニメは世界中で愛されているようだ。
This animation seems to be loved all over the world.
（to be loved: to be *done*）

This animation ＿＿＿＿＿＿＿＿＿＿＿＿＿＿＿＿ all over the world.

seem to *do*… …するようだ

□ (2) Ian は強制的に退室させられることに反対した。
Ian objected to being forced to go out of the room.
（being forced: being *done*）

Ian ＿＿＿＿＿＿＿＿＿＿＿＿＿＿＿＿ go out of the room.

□ (3) Dan は本当のことを知っていたようだ。
Dan seems to have known the truth.
（to have known: to have *done*）

Dan ＿＿＿＿＿＿＿＿＿＿＿＿＿＿＿＿ the truth.

□ (4) Adam はメジャーリーガーだったことを誇りに思っている。
Adam is proud of having been a major leaguer.
（having been: having *done*）

Adam ＿＿＿＿＿＿＿＿＿＿＿＿＿＿＿＿ a major leaguer.

be proud of *A* A を誇りに思っている

□ (5) 彼らは国を離れなくてはならなかったようだ。
They seem to have been forced to leave their country.
（to have been forced: to have been *done*）

They ＿＿＿＿＿＿＿＿＿＿＿＿＿＿＿＿ leave their country.

Hints!

to 不定詞・動名詞が，能動態 *vs.* 受動態のどちらの意味か，また述語動詞と同じ時制なのか，1 つ前の時制なのかを意識すること。

(1)～(5) の［　］内から英文に合う適切なものを選びましょう。

086

□ (1) Tanaka 先生はもっといいニックネームで呼ばれたがっている。

Mr. Tanaka wants［① to call／② to be called］by a better nickname.

□ (2) Jennifer は息子が公平に扱われるように主張した。

Jennifer insisted on her son［① being treated／② treating］fairly.

treat 動～を扱う

□ (3) その外科医は何百人もの患者を救ったと信じられている。

The surgeon is believed［① to save／② to have saved］hundreds of patients.

S *be* believed to *do*... S は…すると信じられている

□ (4) 彼らはバスの中で大きな声でしゃべってしまったことを恥じている。

They are ashamed of［① talking／② having talked］loudly in the bus.

be ashamed of *A* A を恥じている

□ (5) その城は 400 年前に建てられたと言われている。

The castle is said［① to have built／② to have been built］400 years ago.

Chapter 7

解答

(1) ② ▶「Tanaka 先生が呼ばれる」という受動の意味関係。

(2) ① ▶「彼女の息子が扱われる」という受動の意味関係。

(3) ② ▶「信じられている」のは現在，「救った」のは過去なので完了不定詞。

(4) ② ▶「恥じている」のは現在，「しゃべった」のは過去なので完了動名詞。

(5) ② ▶「言われている」のは現在，「建てられた」のは過去なので完了不定詞の受動態。

(1)～(5) の(　)内の語句を並べ替え，英文を完成させましょう。

□ (1) だれだって無理やり勉強させられたくない。

No one (to / forced / be / wants) to study.

No one ______________________________ to study.

□ (2) Ryan は自分の娘が不公平に扱われることに反対した。

Ryan objected (his daughter / treated / to / being) unfairly.

Ryan objected ______________________________ unfairly.

□ (3) Sota は道に迷ってしまったようだった。

Sota (to / lost / have / seemed) his way.

Sota ______________________________ his way.

□ (4) 私は彼が大学を卒業しなかったことを恥じている。

I am ashamed of (not / him / graduated from / having) university.

I am ashamed of ______________________________ university.

□ (5) チャンピオンはノックアウトされたことがないのを誇りに思っている。

The champion is proud of (having / knocked out / not / been).

The champion is proud of ______________________________.

解答

(1) No one (wants to be forced) to study.

(2) Ryan objected (to his daughter being treated) unfairly. ▶his daughter は being treated の意味上の主語。

(3) Sota (seemed to have lost) his way. ▶「ようだった」のは過去，「道に迷った」のはさらに過去なので完了不定詞。

(4) I am ashamed of (him not having graduated from) university.

▶him は having graduated の意味上の主語。〈意味上の主語＋否定＋動名詞(having *done*)〉の語順になる。

(5) The champion is proud of (not having been knocked out).

▶「誇りに思っている」のは現在，「ノックアウトされたことがない」のは過去から現在までの経験で，１つ前の時制をふくむので完了動名詞の受動態。

ドリル 1 2 3 **4** (1)～(5) の下線部を埋めて，英文を完成させましょう。

088

□ **(1)** この映画は日本中で愛されているようだ。

This ______________________________ over Japan.

□ **(2)** 私たちは強制的にその活動に参加させられることに反対した。

We ______________________________ part in the activity.

□ **(3)** Ren はその事実を知っていたようだった。

Ren ______________________________ the fact.

□ **(4)** Luke はオックスフォード大学を卒業したことを誇りに思っている。

Luke is proud of ______________________________ Oxford University.

□ **(5)** Joseph は負かされたことがないのを誇りに思っている。

Joseph is proud of ______________________________ defeated.

defeat 動～を負かす，～に勝つ

Chapter 7

解答

(1) This movie [film] seems to be loved all over Japan.
(2) We objected to being forced [made / compelled] to take part in the activity.
(3) Ren seemed to have known the fact.
(4) Luke is proud of having graduated from Oxford University.
(5) Joseph is proud of not having been defeated.

3 ››› 分詞① 形容詞的用法と分詞形容詞

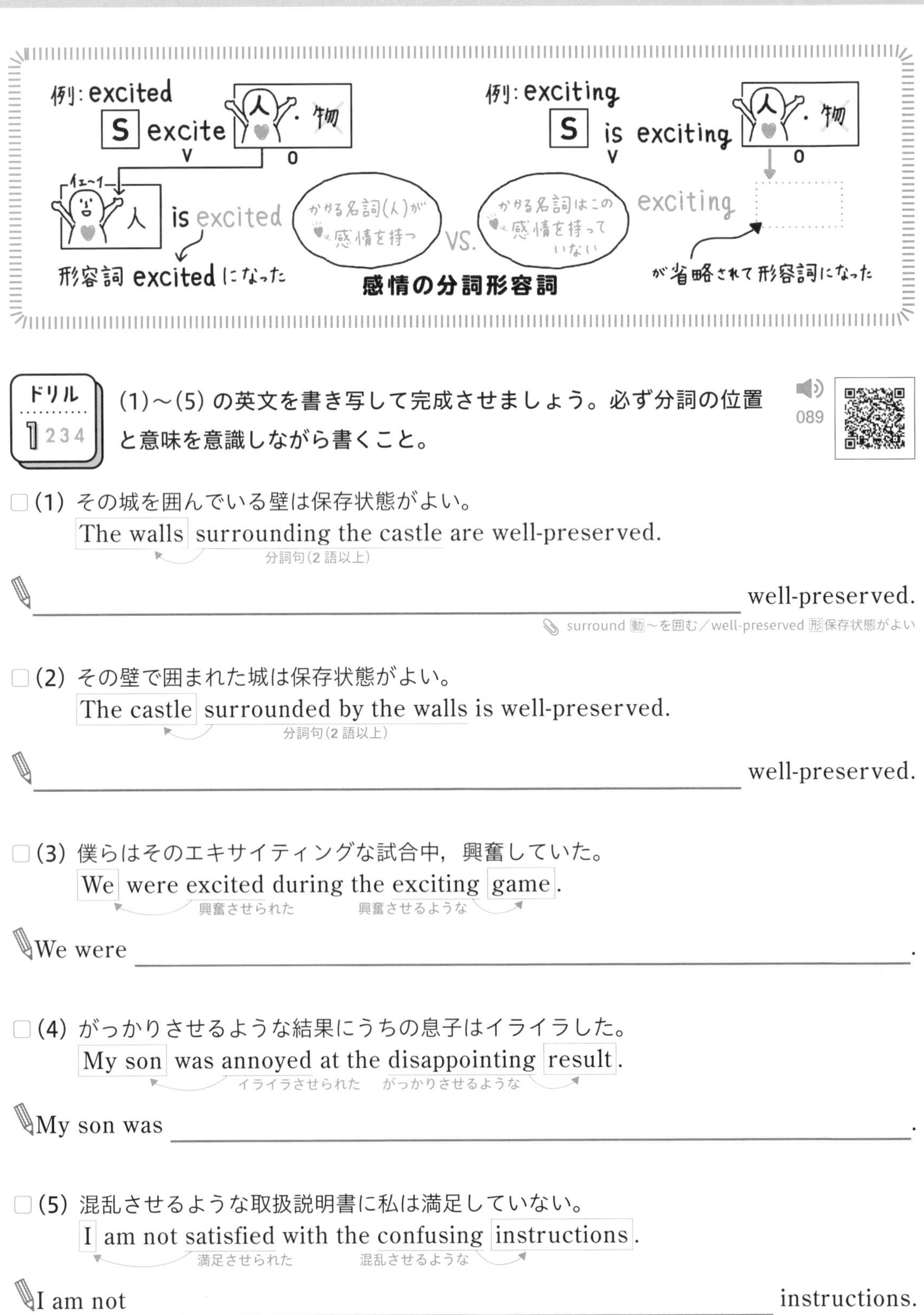

ドリル 1 2 3 4　(1)～(5) の英文を書き写して完成させましょう。必ず分詞の位置と意味を意識しながら書くこと。

089

□ (1) その城を囲んでいる壁は保存状態がよい。

The walls surrounding the castle are well-preserved.
分詞句（2 語以上）

＿＿＿＿＿＿＿＿＿＿＿＿＿＿＿＿＿＿ well-preserved.

surround 動 ～を囲む／well-preserved 形 保存状態がよい

□ (2) その壁で囲まれた城は保存状態がよい。

The castle surrounded by the walls is well-preserved.
分詞句（2 語以上）

＿＿＿＿＿＿＿＿＿＿＿＿＿＿＿＿＿＿ well-preserved.

□ (3) 僕らはそのエキサイティングな試合中，興奮していた。

We were excited during the exciting game.
興奮させられた　興奮させるような

We were ＿＿＿＿＿＿＿＿＿＿＿＿＿＿＿＿＿＿.

□ (4) がっかりさせるような結果にうちの息子はイライラした。

My son was annoyed at the disappointing result.
イライラさせられた　がっかりさせるような

My son was ＿＿＿＿＿＿＿＿＿＿＿＿＿＿＿＿＿＿.

□ (5) 混乱させるような取扱説明書に私は満足していない。

I am not satisfied with the confusing instructions.
満足させられた　混乱させるような

I am not ＿＿＿＿＿＿＿＿＿＿＿＿＿＿＿＿＿＿ instructions.

instructions 名 取扱説明書

Hints!

感情の分詞形容詞は日本語訳からではなく，かかる名詞が「感情を与える」のか,「感情を与えられた」のかの意味関係から考えること。

ドリル 1 **2** 3 4

(1)～(5) の英文が日本語の意味になるように[　]内から適切なものを選びましょう。

090

□ (1) あの飛んでいる物は何だい。あそこに飛んでいる物のことだよ！

What is that [① thing flying／② flying thing]? I mean the [① thing flying／② flying thing] over there!

□ (2) その揚げ物は何だい。君の台所で揚げられた食べ物のことだよ。

What is the [① food fried／② fried food]? I mean the [① food fried／② fried food] in your kitchen.

□ (3) 私はその映画をワクワクさせるようなものだと思ったが，妻は退屈に感じた。

I found the movie [① exciting／② excited], but my wife felt [① boring／② bored].

□ (4) がっかりした人と昼食をとるのは，イライラするようなことだ。

It is [① annoying／② annoyed] to have lunch with a [① disappointing／② disappointed] man.

□ (5) 商品は私にとって満足のいくものだったが，取扱説明書には混乱した。

The product was [① satisfying／② satisfied] to me, but I was [① confusing／② confused] with the instructions.

解答

(1) ②／① ▶1文めはflying 1語なのでthingの前に置く。2文めはflying over thereで2語以上なのでthingの後ろに置く。

(2) ②／① ▶1文めはfried 1語なのでfoodの前に置く。2文めはfried in your kitchenで2語以上なのでfoodの後ろに置く。

(3) ①／② ▶1つめは「映画がワクワクさせるような」，2つめは「妻が退屈させられた」の意味関係。

(4) ①／② ▶1つめは「昼食をとることがイライラさせるような」，2つめは「人ががっかりさせられた」の意味関係。

(5) ①／② ▶1つめは「商品が満足させるような」，2つめは「人が混乱させられた」の意味関係。

Chapter 7

(1)～(5) の(　)内の語句を並べ替え，英文を完成させましょう。
ただし，不要な語句が１つあります。

091

□ (1) 私の娘の面倒を見ているその女の子が，私たちのベビーシッターだよ。

The girl (after / my daughter / looked / looking) is our babysitter.

The girl ______________________________ is our babysitter.

look after *A*　A の面倒を見る

□ (2) 彼らによって実行されたその計画は，とてもうまくいった。

The plan (carrying / carried / by them / out) worked very well.

The plan ______________________________ worked very well.

□ (3) 少年たちは彼の長い話に退屈してしまったようだ。

The boys seem to (boring / bored / been / have) by his long talk.

The boys seem to ______________________________ by his long talk.

□ (4) Lily はその悪い結果を聞いてがっかりした。

Lily (disappointed / disappointing / was / to hear) of the bad result.

Lily ______________________________ of the bad result.

□ (5) 我々は，お客様に満足していただける製品を作りたいのです。

We'd like to (satisfying to / satisfied to / produce / products) customers.

We'd like to ______________________________ customers.

解答

(1) The girl (looking after my daughter) is our babysitter. ▶looked が不要。

(2) The plan (carried out by them) worked very well. ▶carrying が不要。

(3) The boys seem to (have been bored) by his long talk. ▶boring が不要。

(4) Lily (was disappointed to hear) of the bad result.

▶disappointing が不要。to hear 以下は，「感情の原因」を表す to 不定詞の副詞的用法。▶❻-2 p.94

(5) We'd like to (produce products satisfying to) customers.

▶satisfied to が不要。satisfying to customers が products を後ろから修飾する形。

(1)～(5) の下線部を埋めて，英文を完成させましょう。ただし，分詞の形容詞的用法または分詞形容詞を使った英文にすること。

092

□ (1) その老人を囲んでいる男たちは，ギャングじゃなくて彼の息子たちだよ。

The men ________________ not a gang but his sons.

□ (2) 彼の息子たちに囲まれたその老人は，とても幸せそうに見える。

The old ________________ looks very happy.

□ (3) 私はその試合をワクワクさせるようなものだと思ったが，妻は退屈に感じた。

I found ________________, but my wife ________________.

□ (4) Ren はその悪い知らせを聞いてイライラした。

Ren was ________________ of the bad news.

□ (5) 私はこの取扱説明書は混乱させるものだと思う。

I think that ________________.

Chapter 7

解 答

(1) The men surrounding the old man are not a gang but his sons.
(2) The old man surrounded by his sons looks very happy.
(3) I found the game [match] exciting [I found (that) the game [match] was exciting], but my wife felt bored.
(4) Ren was annoyed [irritated] to hear of the bad news.
(5) I think that these instructions are confusing.

4 ››› 分詞② 分詞構文

「ここから見ると、その島は船のように見える」

OK Seen
NG ×Seeing from here, s the island looks like a ship.

日本語にだまされないでね～

省略された意味上の主語は主節の主語 the island だから

島が見ている ことになるので NG

「島は見られる」の意味関係だから Seen が正しい。

ドリル 1 2 3 4

(1)～(5) の英文を書き写して完成させましょう。必ず分詞構文の形や時制を意識しながら書くこと。

093

☐ (1) 体調が悪いので，今日は学校を休んだ。

Feeling sick, I was absent from school today.
分詞構文

____________________, I was absent from school today.

能動態で，時制が主節と同じ。

☐ (2) ここから見ると，その島は軍艦のように見える。

Seen from here, the island looks like a warship.
分詞構文

____________________, the island looks like a warship.

受動態で，時制が主節と同じ。／warship 名 軍艦

☐ (3) Rin には何度も会ったことがあったので，すぐに彼女だとわかった。

Having seen Rin many times, I recognized her at once.
分詞構文

____________________, I recognized her at once.

能動態で，時制が主節の１つ前。／at once　すぐに，ただちに

☐ (4) キャプテンに選ばれたので，Ken はより懸命に練習した。

Having been chosen as captain, Ken practiced harder.
分詞構文

____________________, Ken practiced harder.

受動態で，時制が主節の１つ前。この Having been は省略可。

☐ (5) 外はとても寒いから，今日は家にいましょう。

It being very cold outside, let's stay home today.
分詞構文

____________________, let's stay home today.

能動態で，時制が主節と同じ。主節と主語が異なる（It が意味上の主語）ので意味上の主語を補う。

Hints!

分詞構文は能動か受動かでミスが起きやすい。省略された主語が「…する」(能動)なのか,「…される」(受動)なのかを慎重に考えること。

(1)～(5) の英文を,分詞構文を使った文に書きかえましょう。

094

□ (1) その少女は彼の悲しい顔を見たとき,何を言うべきかわからなかった。
When the girl saw his sad face, the girl didn't know what to say.
↓
________________ his sad face, the girl didn't know what to say.

□ (2) 適切に使うと,ロボットは生活をよりよいものにしてくれる。
When robots are used properly, robots can make your life better.
↓
________________ properly, robots can make your life better.

properly 副適切に

□ (3) その映画を見たことがあったので,その少年はその物語を知っていた。
As the boy had seen the movie, the boy knew its story.
↓
________________ the movie, the boy knew its story.

□ (4) マドリードで育ったので,Carlos はスペイン語を話す。
As Carlos was brought up in Madrid, Carlos speaks Spanish.
↓
________________ up in Madrid, Carlos speaks Spanish.

bring up *A*　A を育てる(= raise *A*)

□ (5) 昨日雪が降ったので,うちの庭は雪で覆われている。
As it snowed yesterday, our garden is covered with snow.
↓
________________ yesterday, our garden is covered with snow.

be covered with *A*　A で覆われている

Chapter 7

解答

(1) Seeing ▶能動態で,時制が主節と同じ。
(2) Used ▶受動態で,時制が主節と同じ。日本語は「使う」と能動だが,英語は「ロボットが使われる」の受動の意味関係。
(3) Having seen ▶能動態で,時制が主節の1つ前。
(4) Having been brought ▶受動態で,時制が主節の1つ前。この Having been は省略可。
(5) It having snowed ▶能動態で,時制が主節の1つ前。主節と主語が異なるので意味上の主語を補う。

(1)～(5) の(　)内の語句を並べ替え，英文を完成させましょう。文頭の語は大文字で始めること。ただし，不要な語句が１つあります。

095

□ (1) 何をすべきかわからなかったので，黙っていた。

(knowing / known / what to do / not), I kept silent.

____________________, I kept silent.

□ (2) 適切に使わないと，ロボットは我々にとって危険になり得る。

(properly / not / used / using), robots can be dangerous to us.

____________________, robots can be dangerous to us.

□ (3) その映画を見たことがないので，私はその物語を知らない。

(having / seeing / seen / not) the movie, I don't know its story.

____________________ the movie, I don't know its story.

□ (4) そのニュースについて知らされていなかったので，彼はそれを知って怒った。

(informed / informing / not / having been) of the news, he got angry to know it.

____________________ of the news, he got angry to know it.

□ (5) 1 週間雪が降っていないので，スキーを楽しめないね。

(it / having snowed / snowing / not) for a week, we can't enjoy skiing.

____________________ for a week, we can't enjoy skiing.

解答

(1) (Not knowing what to do), I kept silent. ▶known が不要。分詞構文の否定は分詞の直前に not を置く。

(2) (Not used properly), robots can be dangerous to us. ▶using が不要。

(3) (Not having seen) the movie, I don't know its story. ▶seeing が不要。

(4) (Not having been informed) of the news, he got angry to know it. ▶informing が不要。

(5) (It not having snowed) for a week, we can't enjoy skiing. ▶snowing が不要。

(1)～(5) の下線部を埋めて，英文を完成させましょう。ただし，分詞構文を使った英文にすること。

096

□ (1) 何を言うべきかわからなかったので，Luke に助言を求めた。

________________________, I asked Luke for advice.

□ (2) 空から見ると，その岩はゾウに見える。

________________________, the rock looks like an elephant.

□ (3) Scott には何度も会ったことがあったので，すぐに彼だとわかった。

________________________, I recognized him at once.

□ (4) Ryo は大阪で育ったので，関西弁を話す。 (bring up を使って)

________________________ in Osaka, Ryo speaks in the Kansai dialect.

dialect 名方言，弁

□ (5) 外はとても暑いから，今日は家にいましょう。

________________________, let's stay home today.

解 答

(1) Not knowing what to say, I asked Luke for advice.

(2) Seen from the sky, the rock looks like an elephant. ▶「岩が見られる」の受動の意味関係。

(3) Having seen [met] Scott many [a lot of] times, I recognized him at once.

(4) (Having been) Brought up in Osaka, Ryo speaks in the Kansai dialect.

▶このHaving been は省略可。

(5) It being very hot outside, let's stay home today.

Chapter 8 関係詞

ドリルの前にざっと確認！

1 関係詞節内が不完全な構造になるもの

学習ページ 1.(p.124), 2.(p.128)

❶ 主格の関係代名詞

先行詞が〈人〉なら **who [that]**，〈人以外〉なら **which [that]**。

例 I know the boy. **He** broke the window.

①主語が関係代名詞 who になるので，who の後ろに broke の主語がない。

I know the boy (**who** broke the window). 私は(窓を割った)男の子を知っている。

❷ 目的格の関係代名詞

先行詞が〈人〉なら **who [whom / that]**，〈人以外〉なら **which [that]**。目的格の関係代名詞は省略が可能。

例 This is the house. Bob was born in **it**.

①目的語が関係代名詞 which になるので，in の後ろに目的語がない。

This is the house (**which** Bob was born in). これが(Bob が生まれた)家だ。

❸ 所有格の関係代名詞

〈whose＋名詞〉で１つのまとまり。先行詞が〈人以外〉でも whose を用いる。

例 I know the boy. **His father** is a dentist.

①主語が whose father になるので，whose father の後ろに is の主語がない。

I know the boy (**whose father** is a dentist). (父親が歯科医の)男の子を知っている。

❹ 関係代名詞の非制限用法

先行詞の後ろにコンマを置いて，先行詞や直前の内容に補足説明を加える。この用法で that は使えないことに注意。

❺ 関係代名詞what (=the thing(s) which ...)

関係代名詞 what は先行詞をふくんで what 節全体で名詞の働き（S，O，C）をする。

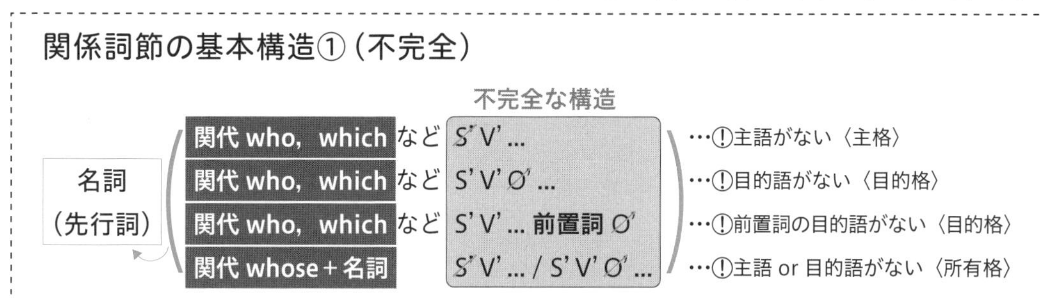

関係詞節の基本構造①（不完全）
不完全な構造
名詞
(先行詞)
関代 who，which など S' V' ...
関代 who，which など S' V' O' ...
関代 who，which など S' V' ... 前置詞 O'
関代 whose＋名詞 S' V' ... / S' V' O' ...
…①主語がない〈主格〉
…①目的語がない〈目的格〉
…①前置詞の目的語がない〈目的格〉
…①主語 or 目的語がない〈所有格〉

不完全な構造

関代 what　S'V'... / S'V'Ø'... …❗主語 or 目的語がない〈what〉→節全体で名詞の働き

2　関係詞節内が完全な構造になるもの

学習ページ　3. (p.132)

❶ 前置詞＋関係代名詞

前置詞を関係代名詞の前に置くことができる。この用法では that は使えない。

例　This is the house (**in which** he was born).　これが（彼が生まれた）家だ。
= **where**

❷ 関係副詞

関係副詞は，節内で副詞の働きをする関係詞。先行詞が〈時〉を表す場合は **when** を，〈場所〉を表す場合は **where** を，the reason(s)の場合は **why** を，the way の場合は **how** を（the way S' V' ... や how S' V' ... の形で）用いる。

関係詞節の基本構造②（完全）

…❗ 1-❷（▶ p.122）の構造のように不完全ではない。

…❗〈前置詞＋関係代名詞〉と書きかえられる。
先行詞が文脈上明らかな場合，先行詞は省略可。

3　連鎖関係代名詞・複合関係詞

学習ページ　4. (p.136)

❶ 連鎖関係代名詞

関係代名詞の直後に S' think，S' believe，S' suppose などがくることがある。

例　Ryo is not the boy .　　I think **he** broke the window.

❗ broke の主語が関係代名詞 who になるので，broke の主語がない。

Ryo is not the boy (**who** I think broke the window).

Ryo は（窓を割ったと私が思っている）男の子ではない。

❷ 複合関係詞

(1) 複合関係代名詞：**〈関係代名詞＋-ever＋不完全な構造〉**。節全体で名詞節か副詞節になる。

whoever [whichever / whatever]	…するのは**だれ**[**どれ**／**何**]でも（名詞節） **だれ**[**どれ**／**何**]が[を]…しようとも（副詞節）

(2) 複合関係副詞：**〈関係副詞＋-ever＋完全な構造〉**。節全体で副詞節になる。

whenever	…するときは**いつ**でも，**いつ**…しようとも
wherever	…するところは**どこ**でも，**どこで**…しようとも
however ＋形容詞・副詞	**どんなに**…しようとも

❗「…しようとも」は，no matter who［which / what / when / where / how］に書きかえ可。

1 ››› 関係代名詞① 主格・目的格

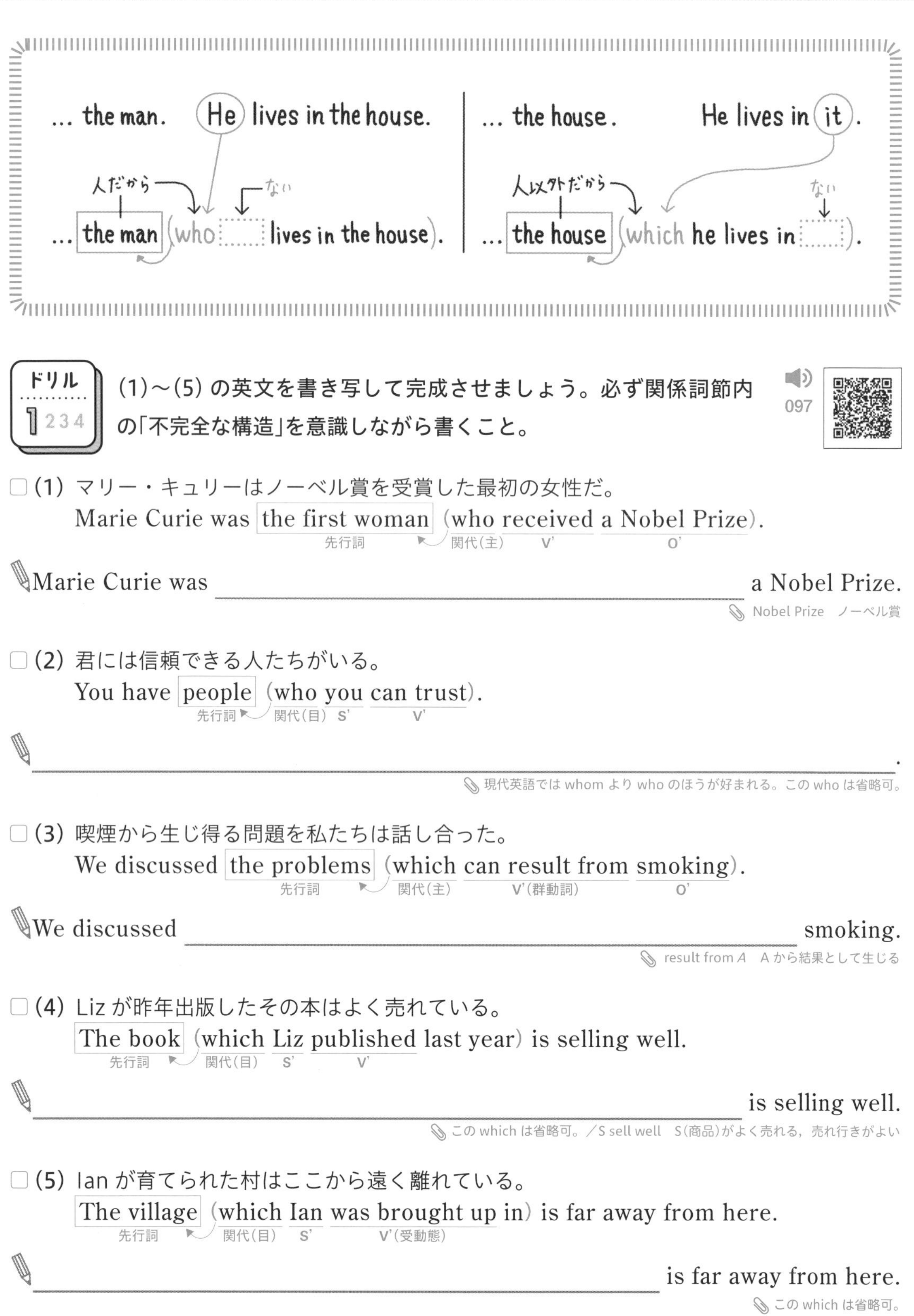
... the man. He lives in the house.
人だから
ない
... the man (who lives in the house).
... the house. He lives in it.
人以外だから
ない
... the house (which he lives in).

ドリル 1 2 3 4

(1)～(5) の英文を書き写して完成させましょう。必ず関係詞節内の「不完全な構造」を意識しながら書くこと。

097

□ (1) マリー・キュリーはノーベル賞を受賞した最初の女性だ。

Marie Curie was the first woman (who received a Nobel Prize).

先行詞 関代(主) V' O'

Marie Curie was ＿＿＿＿＿＿＿＿＿＿＿＿ a Nobel Prize.

Nobel Prize ノーベル賞

□ (2) 君には信頼できる人たちがいる。

You have people (who you can trust).

先行詞 関代(目) S' V'

＿＿＿＿＿＿＿＿＿＿＿＿＿＿＿＿＿＿＿＿.

現代英語では whom より who のほうが好まれる。この who は省略可。

□ (3) 喫煙から生じ得る問題を私たちは話し合った。

We discussed the problems (which can result from smoking).

先行詞 関代(主) V'(群動詞) O'

We discussed ＿＿＿＿＿＿＿＿＿＿＿＿ smoking.

result from *A* A から結果として生じる

□ (4) Liz が昨年出版したその本はよく売れている。

The book (which Liz published last year) is selling well.

先行詞 関代(目) S' V'

＿＿＿＿＿＿＿＿＿＿＿＿＿＿＿＿ is selling well.

この which は省略可。／S sell well S(商品)がよく売れる，売れ行きがよい

□ (5) Ian が育てられた村はここから遠く離れている。

The village (which Ian was brought up in) is far away from here.

先行詞 関代(目) S' V'(受動態)

＿＿＿＿＿＿＿＿＿＿＿＿＿＿＿＿ is far away from here.

この which は省略可。

Hints!

関係代名詞は，後ろの構造を把握することがとても大切。主語がない or 目的語がない「不完全な構造」をしっかり意識すること。

ドリル 1 **2** 3 4

(1)～(5) の 2 文を，関係代名詞を使った 1 文に書きかえましょう。

098

□ (1) 私はタイから来た女性に偶然出会った。
I came across a woman. She came from Thailand.

I came across a woman ________ came from Thailand.

□ (2) パパ，あなたに会ってほしい人がいるの。
Dad, there's someone. I want you to meet him.

Dad, there's someone ________ I want you to meet.

□ (3) それは喫煙から生じ得る病気の 1 つだ。
It is one of the diseases. They can result from smoking.

It is one of the diseases ________ can result from smoking.

disease 名 病気

□ (4) 気候変動は今日(こんにち)私たちが直面する問題の 1 つだ。
Climate change is one of the problems. We face them today.

Climate change is one of the problems ________ we face today.

climate change 気候変動／face 動 ～に直面する

□ (5) これはそのウミガメたちが生まれた浜辺だ。
This is the beach. The sea turtles were born on it.

This is the beach ________ the sea turtles were born on.

sea turtle ウミガメ

Chapter 8

解答

(1) who [that] ▶先行詞が「人」の主格。who の後ろは S' がない不完全な構造であることに注意。

(2) who [whom / that] ▶先行詞が「人」の目的格。meet の O' がない不完全な構造であることに注意。

(3) which [that] ▶先行詞が「人以外」の主格。can result from の S' がない不完全な構造であることに注意。

(4) which [that] ▶先行詞が「人以外」の目的格。face の O' がない不完全な構造であることに注意。

(5) which [that] ▶先行詞が「人以外」の目的格。前置詞 on の O' がない不完全な構造であることに注意。

(1)～(5) の(　)内の語句を並べ替え，英文を完成させましょう。ただし，不要な語句が１つあります。

099

□ (1) この本を出版した女性は，私の友だちです。

The woman (this book / published / which / who) is a friend of mine.

The woman ______________________ is a friend of mine.

□ (2) 私に会わせたいと君が思っているのはだれだい，Kate。

Who is the man (which / who / me / you want) to meet, Kate?

Who is the man ______________________ to meet, Kate?

□ (3) 我々はウクライナ危機の結果生まれた問題に直面している。

We are facing (that / who / the problems / resulted) from the Ukraine crisis.

We are facing ______________________ from the Ukraine crisis.

Ukraine crisis　ウクライナ危機

□ (4) 驚いたことに，そこで偶然出会った女性が君のことを知っていたんだ。

Surprisingly, the woman (across / I / came / which) there knew you.

Surprisingly, the woman ______________________ there knew you.

surprisingly 副驚いたことに

□ (5) ゲームの中で Ryo が立ち向かったドラゴンはとても強かった。

The dragon (Ryo / in / faced / whether) the game was very strong.

The dragon ______________________ the game was very strong.

解 答

(1) The woman (who published this book) is a friend of mine.　▶which が不要。

(2) Who is the man (who you want me) to meet, Kate?　▶which が不要。

(3) We are facing (the problems that resulted) from the Ukraine crisis.　▶who が不要。

(4) Surprisingly, the woman (I came across) there knew you.

▶which が不要。関係代名詞 who [whom / that] が省略。

(5) The dragon (Ryo faced in) the game was very strong.　▶whether が不要。関係代名詞 which [that] が省略。

(1)～(5) の下線部を埋めて，英文を完成させましょう。ただし，関係代名詞を使った英文にすること。

100

□ (1) 昨年ノーベル賞を受賞したその女性はだれですか。

Who is ＿＿＿＿＿＿＿＿＿＿＿＿＿＿＿＿ a Nobel Prize last year?

□ (2) John は私たちが信用できる人ですか。 (trust を使って)

Is John ＿＿＿＿＿＿＿＿＿＿＿＿＿＿＿＿＿＿＿＿＿＿＿＿?

□ (3) 私たちは喫煙から生じ得る病気(diseases)について学んだ。

We learned about the ＿＿＿＿＿＿＿＿＿＿＿＿＿＿＿＿ smoking.

□ (4) Alex が昨年出版したその本はよく売れている。

The ＿＿＿＿＿＿＿＿＿＿＿＿＿＿＿＿＿＿＿＿ is selling well.

Chapter 8

□ (5) これが Ian が育てられた村だ。

This is ＿＿＿＿＿＿＿＿＿＿＿＿＿＿＿＿＿＿＿＿＿ up in.

解答

(1) Who is the woman who [that] received [won] a Nobel Prize last year?

(2) Is John a person [man] who [whom / that] we can trust? ▶ who [whom / that] は省略可。

(3) We learned about the diseases which [that] can result from smoking.

(4) The book which [that] Alex published last year is selling well. ▶ which [that] は省略可。

(5) This is the village which [that] Ian was brought up in. ▶ which [that] は省略可。

2 ››› 関係代名詞② 非制限用法・所有格・what

制限[限定]用法 vs. 非制限用法

I called the aunt who ⬚ lives in Osaka. | I called the aunt, who ⬚ lives in Paris.

Tokyo aunt A / Kobe aunt B / Sydney aunt C / おそらくほかにもおばがいる

このおば！ Osaka aunt D どないしたん？

1人しかいない ボンジュール aunt 1人に特定 ⇦ 補足説明(パリ在住)

ドリル 1 2 3 4

(1)～(5) の英文を書き写して完成させましょう。必ず関係詞節内の「不完全な構造」を意識しながら書くこと。

101

□ (1) 彼らにはひとり娘がいるのだが，彼女は腕のいい外科医だ。
They have a daughter, who is a skilled surgeon.
(非制限 V' C')

They have a daughter, ＿＿＿＿＿＿＿＿＿＿＿＿＿＿＿＿＿＿＿＿.

skilled 形腕のいい，熟練の

□ (2) 私たちの文化と違う文化の人々と話をするのが私は好きだ。
I like talking with people (whose culture is different from ours).
(先行詞 whose＋名詞 V' C')

I like talking with ＿＿＿＿＿＿＿＿＿＿＿＿＿＿＿＿＿＿＿＿ from ours.

□ (3) Liz は多くの人が彼女の本を読んでいる人気作家だ。
Liz is a popular writer (whose books many people read).
(先行詞 whose＋名詞 S' V')

Liz is a popular writer ＿＿＿＿＿＿＿＿＿＿＿＿＿＿＿＿＿＿＿＿.

□ (4) その映画で最もワクワクしたシーンは，最後のところで起きたことだ。
The most exciting scene in the movie was [what happened in the end].
(関代 V' M')

The most exciting scene in the movie ＿＿＿＿＿＿＿＿＿＿＿＿＿＿＿＿＿＿＿＿.

□ (5) 探知犬は，男がスーツケースの中に隠していたものを見つけた。
The sniffer dog found [what the man hid in his suitcase].
(関代 S' V' M')

The sniffer dog found ＿＿＿＿＿＿＿＿＿＿＿＿＿＿＿＿＿＿＿＿ in his suitcase.

sniffer dog 探知犬／hid 動隠した（hide の過去形）

Hints!

関係代名詞 what の節は全体で名詞の働きをすることに注意。この what 節(名詞節)が S, O, C のどの働きをするのかに注目するとよい。

ドリル 1 **2** 3 4

(1)～(3) の 2 文を関係代名詞を使った 1 文に書きかえましょう。
(4)・(5) は関係代名詞を使って同じ意味の文に書きかえましょう。

102

□ (1) 階段は煙で満たされていて，そのことが彼らが逃げるのを妨げた。
The stairs were full of smoke. That prevented them from escaping.

The stairs were full of smoke, ________ prevented them from escaping.

stair 名(stairs で)階段／prevent *A* from *doing*... A が…するのを妨げる／escape 動逃げる

□ (2) 私はお父さんが有名な獣医の男の子を知っています。
I know a boy. His father is a famous vet.

I know a boy ________________ is a famous vet.

vet 名獣医(= veterinarian)

□ (3) Carl は多くの人が彼のレシピを知りたがっている三ツ星シェフだ。
Carl is a three-star chef. Many people want to know his recipes.

Carl is a three-star chef ________________ many people want to know.

□ (4) 彼女を怒らせたのは，Bob が言ったことだった。
The thing which made her angry was the thing which Bob said.

________ made her angry was ________ Bob said.

□ (5) Ren がイライラしたのは，彼女の話し方だった。
The thing which Ren was annoyed with was her way of talking.

________ Ren was annoyed with was her way of talking.

解答

(1) which ▶関係代名詞の非制限用法。この which は前の文全体を先行詞としている。
(2) whose father ▶主語がない不完全な構造。
(3) whose recipes ▶目的語がない不完全な構造。
(4) What / what ▶ the thing which を関係代名詞 what で言いかえる。
(5) What ▶The thing which を関係代名詞 What で言いかえる。

Chapter 8

(1)～(5) の(　)内の語句を並べ替え，英文を完成させましょう。文頭の語は大文字で始めること。ただし，不要な語句が１つあります。

103

□ (1) Tanaka 先生は，恋人がロンドンに住んでいるのだが，英語を教えている。

Mr. Tanaka (girlfriend / whose / , whose / lives) in London, teaches English.

Mr. Tanaka ______________________ in London, teaches English.

□ (2) 頂上が雪で覆われているあの山を見てください。

Take a look at that mountain (top / is covered / who / whose) with snow.

Take a look at that mountain ______________________ with snow.

□ (3) 警察はその男を立ち止まらせ，彼のバッグを調べた。

The police stopped the man, (who / whose / they / bag) looked into.

The police stopped the man, ______________________ looked into.

□ (4) 冷蔵庫に残っているもので何か料理するね。

I will cook something with (left / is / whose / what) in the fridge.

I will cook something with ______________________ in the fridge.

fridge 名冷蔵庫（= refrigerator）

□ (5) 彼がポケットの中にしのばせていたものは，婚約指輪だった。

(he / what / which / hid) in his pocket was an engagement ring.

______________________ in his pocket was an engagement ring.

解答

(1) Mr. Tanaka (, whose girlfriend lives) in London, teaches English.

▶ whose が不要。「Tanaka 先生」という特定の人物が先行詞。非制限用法となるため，コンマが必要となる。

(2) Take a look at that mountain (whose top is covered) with snow. ▶ who が不要。

(3) The police stopped the man, (whose bag they) looked into. ▶ who が不要。

(4) I will cook something with (what is left) in the fridge. ▶ whose が不要。

(5) (What he hid) in his pocket was an engagement ring. ▶ which が不要。

(1)～(5) の下線部を埋めて，英文を完成させましょう。ただし，関係代名詞を使った英文にすること。

104

□ (1) Ryan にはひとり娘がいるのだが，沖縄に住んでいる。

Ryan has ______________________________ Okinawa.

□ (2) お父さんが獣医のその少年は，たくさんの動物を飼っている。

The ______________________________ keeps a lot of animals.

□ (3) Justin は多くの人が彼の曲を聞いている人気シンガーだ。

Justin is a popular singer ______________________________.

□ (4) 彼を幸せにするのは，Lisa の笑顔だ。　(what を使って)

______________________________ Lisa's smile.

□ (5) Rin がその箱の中に隠していたのは，通知表だった。　(what を使って)

______________________________ her report card.

report card　通知表

Chapter 8

解答

(1) Ryan has a [an only] daughter, who lives in Okinawa.

▶「ひとり娘」が先行詞で，ほかに娘がいることが想定できないため，非制限用法となる。コンマを入れる。

(2) The boy whose father is a vet keeps a lot of animals.

(3) Justin is a popular singer whose song(s) many [a lot of] people listen to.

(4) What makes him happy is Lisa's smile.

(5) What Rin hid in the box was her report card.

3 ››› 関係代名詞③・関係副詞 〈前置詞＋関係代名詞〉・関係副詞

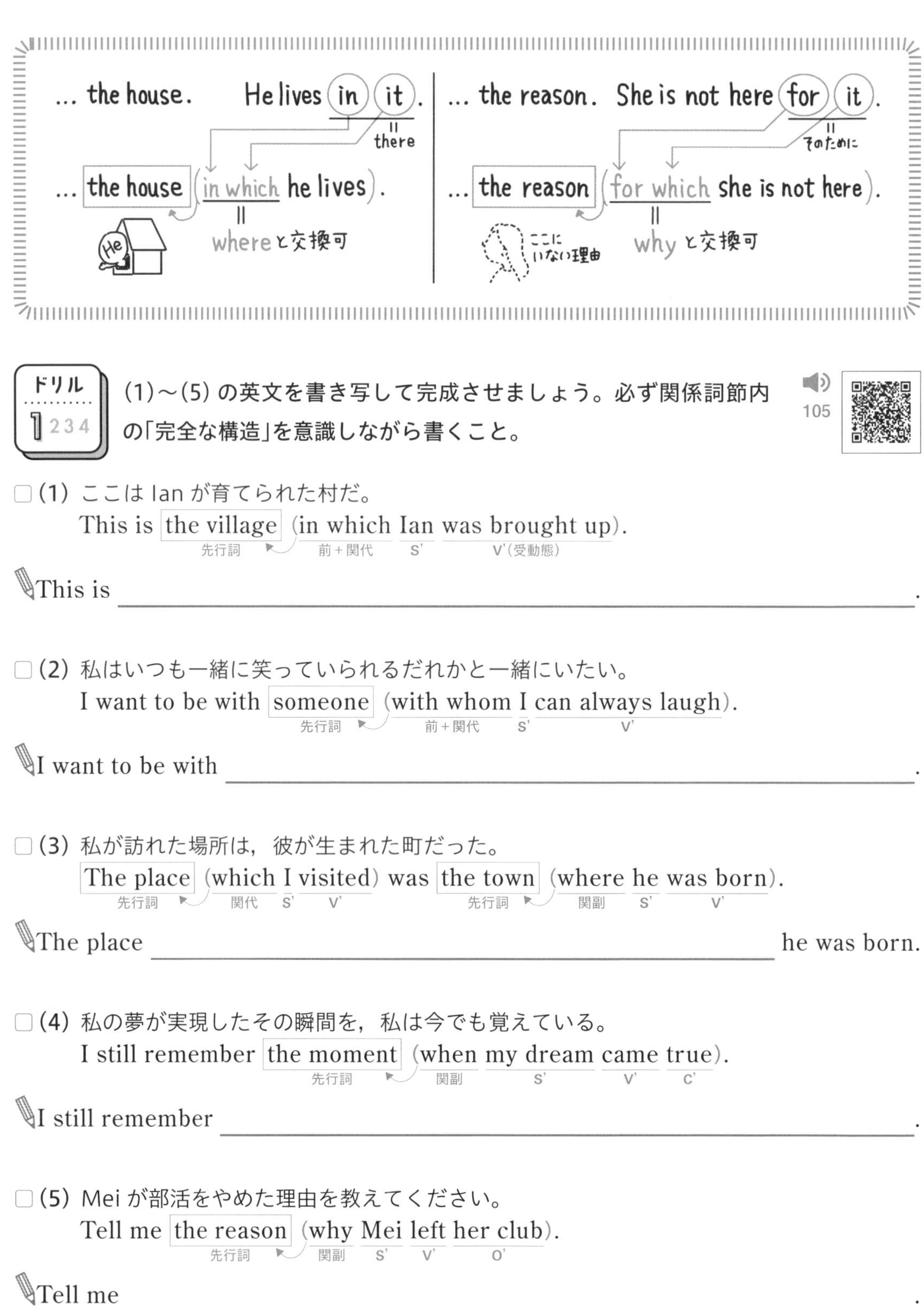

… the house. He lives in it.
there
… the house (in which he lives).
where と交換可
He
… the reason. She is not here for it.
そのために
… the reason (for which she is not here).
why と交換可
ここにいない理由

ドリル 1 2 3 4

(1)～(5) の英文を書き写して完成させましょう。必ず関係詞節内の「完全な構造」を意識しながら書くこと。

105

□ (1) ここは Ian が育てられた村だ。

This is the village (in which Ian was brought up).
先行詞 前＋関代 S' V'(受動態)

This is ______________________________.

□ (2) 私はいつも一緒に笑っていられるだれかと一緒にいたい。

I want to be with someone (with whom I can always laugh).
先行詞 前＋関代 S' V'

I want to be with ______________________________.

□ (3) 私が訪れた場所は，彼が生まれた町だった。

The place (which I visited) was the town (where he was born).
先行詞 関代 S' V' 先行詞 関副 S' V'

The place ______________________________ he was born.

□ (4) 私の夢が実現したその瞬間を，私は今でも覚えている。

I still remember the moment (when my dream came true).
先行詞 関副 S' V' C'

I still remember ______________________________.

□ (5) Mei が部活をやめた理由を教えてください。

Tell me the reason (why Mei left her club).
先行詞 関副 S' V' O'

Tell me ______________________________.

Hints!

〈前置詞＋関係代名詞〉と関係副詞のあとの構造は，「完全な構造」。関係代名詞節のようにS' やO' がないという「不完全な構造」ではないことに注意。

ドリル 1 **2** 3 4

(1)・(2) の2文は関係代名詞を使った1文に，(3)〜(5)の2文は関係副詞を使った1文に書きかえましょう。

106

□ (1) 賛成できる意見に耳を傾けるのは簡単だ。
It's easy to listen to opinions. You can agree with them.

It's easy to listen to opinions ________ you can agree.

□ (2) Kate は信頼できる国際弁護士だ。
Kate is an international lawyer. You can rely on her.

Kate is an international lawyer ________ you can rely.

□ (3) あれが毎晩幽霊が現れると言われている家だ。
That is the house. A ghost is said to appear there every night.

That is the house ______ a ghost is said to appear every night.

S *be* said to *do*... Sは…すると言われている

□ (4) 僕たちが空飛ぶ車を運転できるときがすぐに来るだろう。
The time will soon come. We can drive a flying car then.

The time will soon come ______ we can drive a flying car.

□ (5) そういうわけで，私は Lisa がここにいない理由を知りません。
That's why I don't know the reason. Lisa is not here for the reason.

That's why I don't know the reason ______ Lisa is not here.

That is why S' V' ... そういうわけでS' が…だ（この why は先行詞のない関係副詞）

Chapter 8

解答

(1) with which ▶with that は NG。〈前置詞＋関係代名詞〉では関係代名詞 that は使えない。(2) も同様。

(2) on whom ▶on that は NG。前置詞の後ろは目的格のため，on who も NG。

(3) where ▶in which と交換可。

(4) when ▶in [at] which と交換可。長い主語を避けるために，when 節が先行詞から離れることがある。The time will soon come when S' can ... は「S' が…できるときがすぐに来るだろう」という意味。

(5) why ▶for which と交換可。

(1)～(5) の(　)内の語句を並べ替え，英文を完成させましょう。ただし，不要な語句が１つあります。

107

□ (1) ウミガメは生まれた浜辺に戻ってくる。

Sea turtles return to the beach (on that / on which / were born / they).

Sea turtles return to the beach ______________________.

□ (2) 賛成できない人にも耳を傾けるべきだ。

You should also listen to people (with whom / agree / with that / you can't).

You should also listen to people ______________________.

□ (3) あれが怪物たちが住んでいると言われている家だ。

That's the house (monsters / where / are said / which) to live.

That's the house ______________________ to live.

monster 名 怪物，化け物

□ (4) 君の夢が実現するときがすぐに来るだろう。

The time will soon come (which / your dream / will come / when) true.

The time will soon come ______________________ true.

□ (5) 私が外出できない理由を教えてください。

Tell me (which / why / I'm not allowed / the reason) to go out.

Tell me ______________________ to go out.

解答

(1) Sea turtles return to the beach (on which they were born).

▶ on that が不要。〈前置詞＋関係代名詞〉では関係代名詞の that は使えない。

(2) You should also listen to people (with whom you can't agree).

▶ with that が不要。〈前置詞＋関係代名詞〉では関係代名詞の that は使えない。

(3) That's the house (where monsters are said) to live. ▶「完全な構造」が続くので which が不要。

(4) The time will soon come (when your dream will come) true. ▶「完全な構造」が続くので which が不要。

(5) Tell me (the reason why I'm not allowed) to go out. ▶「完全な構造」が続くので which が不要。

(1)～(5) の下線部を埋めて，英文を完成させましょう。ただし，関係詞を使った英文にすること。

108

□ (1) これがそのウミガメたちが生まれた浜辺だ。 （関係代名詞を使って）

This is the beach ______________________ born.

□ (2) 彼らは私がいつも一緒に笑っていられる友だちだ。

They are friends ______________________ laugh.

□ (3) 5 人の幽霊が現れると言われているあの部屋に行きましょう。 （関係副詞を使って）

Let's go to that room ______________________ appear.

□ (4) 彼のことばが実現するときを私は待っている。 （関係副詞を使って）

I'm waiting for the time ______________________ true.

Chapter 8

□ (5) 彼女が部活をやめた理由を私は知らない。 （関係副詞を使って）

I don't know the reason ______________________ her club.

解答

(1) This is the beach on which the sea turtles were born. ▶この on which は where と交換可。

(2) They are friends with whom I can always laugh.

(3) Let's go to that room where five ghosts are said to appear. ▶この where は in which と交換可。

(4) I'm waiting for the time when his word(s) will come true. ▶この when は in [at] which と交換可。

(5) I don't know the reason why she left [quit] her club.

▶この why は for which と交換可。また，the reason と why のどちらかが省略されることがある。

4 ››› 連鎖関係代名詞・複合関係詞

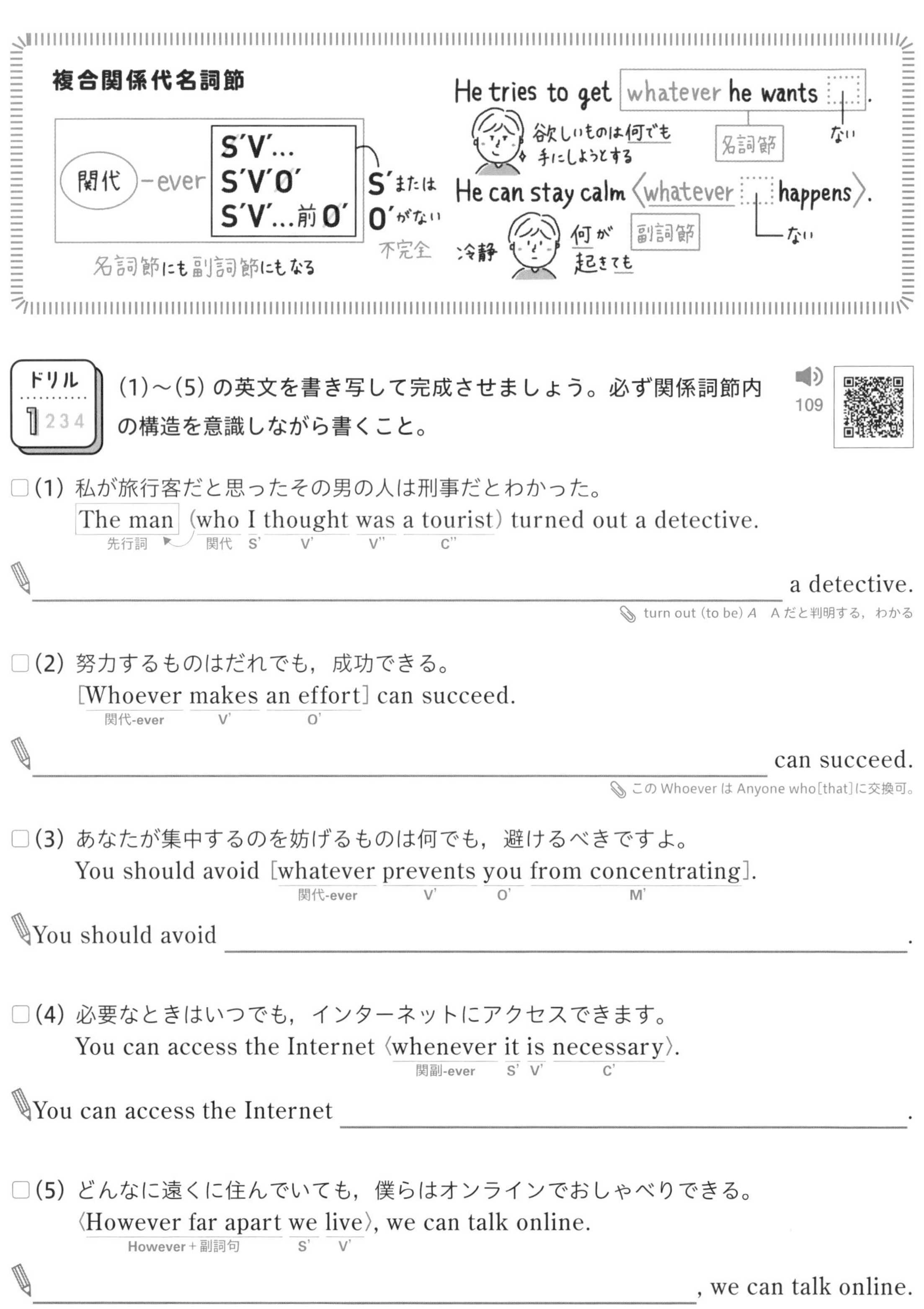

複合関係代名詞節
関代 −ever
S′V′…
S′V′O′
S′V′…前O′
S′または
O′がない
不完全
名詞節にも副詞節にもなる
He tries to get whatever he wants.
欲しいものは何でも手にしようとする
名詞節
ない
He can stay calm 〈whatever happens〉.
冷静
何が起きても
副詞節
ない

ドリル 1 2 3 4

(1)～(5) の英文を書き写して完成させましょう。必ず関係詞節内の構造を意識しながら書くこと。 109

□ (1) 私が旅行客だと思ったその男の人は刑事だとわかった。

The man (who I thought was a tourist) turned out a detective.

(The man: 先行詞 / who: 関代 / I: S′ / thought: V′ / was: V″ / a tourist: C″)

＿＿＿＿＿＿＿＿＿＿＿＿＿＿＿＿＿＿＿＿ a detective.

turn out (to be) *A*　A だと判明する，わかる

□ (2) 努力するものはだれでも，成功できる。

[Whoever makes an effort] can succeed.

(Whoever: 関代-ever / makes: V′ / an effort: O′)

＿＿＿＿＿＿＿＿＿＿＿＿＿＿＿＿＿＿＿＿ can succeed.

この Whoever は Anyone who[that] に交換可。

□ (3) あなたが集中するのを妨げるものは何でも，避けるべきですよ。

You should avoid [whatever prevents you from concentrating].

(whatever: 関代-ever / prevents: V′ / you: O′ / from concentrating: M′)

You should avoid ＿＿＿＿＿＿＿＿＿＿＿＿＿＿＿＿＿＿＿＿.

□ (4) 必要なときはいつでも，インターネットにアクセスできます。

You can access the Internet 〈whenever it is necessary〉.

(whenever: 関副-ever / it: S′ / is: V′ / necessary: C′)

You can access the Internet ＿＿＿＿＿＿＿＿＿＿＿＿＿＿＿＿＿＿＿＿.

□ (5) どんなに遠くに住んでいても，僕らはオンラインでおしゃべりできる。

〈However far apart we live〉, we can talk online.

(However far apart: However＋副詞句 / we: S′ / live: V′)

＿＿＿＿＿＿＿＿＿＿＿＿＿＿＿＿＿＿＿＿, we can talk online.

Hints!

複合関係代名詞節は，節内が「不完全な構造」になることと，名詞節か副詞節かで意味が異なることに注意が必要。

ドリル 1 **2** 3 4

(1) の 2 文を関係代名詞を使った 1 文に書きかえましょう。(2)～(5) は複合関係詞を使って同じ意味の文に書きかえましょう。

110

□ (1) これが，私たちがうまくいくだろうと信じる計画だ。
This is the plan. We believe it will work well.

This is the plan ________ we believe will work well.

□ (2) だれが電話をかけてきても，私はいないと言ってください。
Please say I am out, no matter who calls me.

Please say I am out, ________ calls me.

□ (3) 他人が何を言おうとも，君が正しいと信じることをやりなさい。
Do what you believe is right, no matter what others say.

Do what you believe is right, ________ others say.

□ (4) 日本ではどこに行っても，自動販売機を見つけることができる。
No matter where you go in Japan, you can find a vending machine.

________ you go in Japan, you can find a vending machine.

vending machine　自動販売機

□ (5) 自分がしたことをどれほど深く後悔しても，過去は変えられない。
No matter how deeply you regret what you did, you can't change the past.

________________ you regret what you did, you can't change the past.

Chapter 8

解答

(1) which [that]

(2) whoever ▶副詞節の場合は「だれが[を]～しようとも」という譲歩の意味になる。

(3) whatever ▶副詞節の場合は「何が[を]～しようとも」という譲歩の意味になる。

(4) Wherever

(5) However deeply

(1)～(5) の(　)内の語句を並べ替え，英文を完成させましょう。文頭の語は大文字で始めること。

111

□ (1) Ryo がラスボスだと思ったその王は，そうではないとわかった。

The king (Ryo thought / the final boss / was / who) turned out not so.

The king ______________________________ turned out not so.

the final boss　ラスボス(the last boss は和製英語で，ふつう用いられない)

□ (2) その活動に参加したい人はだれでも歓迎です。

(in / wants to / whoever / take part) the activity is welcome.

______________________________ the activity is welcome.

welcome 形歓迎される

□ (3) 私の両親は，私がしたいことは何にでも反対したことがない。

My parents have never (whatever / I want / to / objected) to do.

My parents have never ______________________________ to do.

□ (4) どのウェブサイトにいつアクセスしても，"https" の文字を見つけられる。

(any website / you / whenever / access), you can find the letters, "https."

______________________________, you can find the letters, "https."

letter 名文字

□ (5) その問題がどれほど難しく思えても，解決策があるはずだ。

(the problem / difficult / seems / however), there should be a solution.

______________________________, there should be a solution.

解答

(1) The king (who Ryo thought was the final boss) turned out not so.
(2) (Whoever wants to take part in) the activity is welcome.
(3) My parents have never (objected to whatever I want) to do.
(4) (Whenever you access any website), you can find the letters, "https."
(5) (However difficult the problem seems), there should be a solution.

▶〈however＋形容詞〉の語順になることに注意。however と difficult が離れてしまうと NG。「どれほど難しく」の意味にならない。

ドリル 1 2 3 **4** (1)～(5) の下線部を埋めて，英文を完成させましょう。 112

□ (1) Sota が看護師だと思ったその女性は，外科医だとわかった。

The woman ____

____ out to be a surgeon.

□ (2) 努力する者はだれでも報われるものだ。

____ will be rewarded.

S *be* rewarded　S(人・努力など)が報われる

□ (3) 他人が何を言おうが，君らしくいることが大切だ。

It's important to be yourself ____.

□ (4) Tracy はどこに行っても大きな声でしゃべる。

Tracy talks in a loud voice, ____.

□ (5) その問題がどれほど難しく思えても，解決策は常にある。

____, there is always a solution.

Chapter **8**

解 答

(1) The woman who [that] Sota thought was a nurse turned out to be a surgeon.

(2) Whoever [Anyone who / Anyone that] makes an effort [efforts] will be rewarded.

(3) It's important to be yourself whatever [no matter what] others [other people] say.

(4) Tracy talks in a loud voice, wherever [no matter where] she goes.

(5) However [No matter how] difficult the problem [question] seems (to be), there is always a solution.　▶このseemsはmay seemと交換可。これは，「たとえ～でも」のような譲歩を表す副詞節内で，助動詞mayが使われることがあるため。

入試実戦演習 ❸ 大学入試問題にチャレンジ！

1 （　）内に入る最も適切なものを選びましょう。

□ (1) I regret (　　) the same mistake again and again in my youth. 〈関西学院大〉
① making　② to make　③ being made　④ to have made

□ (2) I'm considering (　　) some time off from work to study abroad. 〈国士舘大〉
① take　② taking　③ to take　④ will take

□ (3) Andrew was ashamed of (　　) hard enough to get the promotion he was hoping for. 〈東海大〉
① not having his worked son　② not worked having his son
③ his son not having worked　④ having not his son worked

□ (4) (　　) what to do, Maria asked me for help. 〈東京電機大〉
① Not know　② Not known　③ Not knowing　④ Not been known

□ (5) Prague is a city (　　) I really want to pay a visit to. 〈駒澤大〉
① what　② when　③ which　④ why

2 （　）内の語句を並べ替え，英文を完成させましょう。ただし，文頭の語は大文字で始めること。

□ (1) (however / life / seem / difficult / may), there is always something you can do. 〈中部大〉

________________________________, there is ....

□ (2) The man (who / you / was / turned out / I believed) to be a total stranger. 〈大阪医科薬科大〉

The man ________________________________ to be ....

解答・解説

解答

1 (1) ① (2) ② (3) ③ (4) ③ (5) ③

2 (1) However difficult life may seem (2) who I believed was you turned out

解説

1

(1) 目的語が to 不定詞か動名詞かで意味が異なる他動詞（▶❼-1 p.106）の問題。②の to make だと「残念ながら（これから）同じ過ちをする」という意味になるので NG。「同じ過ちをしたことを後悔している」の意味になる①が正解。regret *doing*... は「…したのを後悔する」の意味。

(2) 動名詞のみを目的語にする他動詞（▶❼-1 p.106）の問題。consider *doing*...「…することを考える，…することを検討する」を見抜く。②が正解。

(3) 完了動名詞（▶❼-2 p.110）の問題。S *be* ashamed of *A*「S は A を恥じている」の前置詞 of の後ろに〈動名詞の意味上の主語＋not＋having *done*...〉がくることになる③が正解。

(4) 分詞構文（▶❼-4 p.118）の問題。省略されている分詞の意味上の主語は，主節の主語と同じ Maria。「Maria が何をすべきかわからない」という能動の意味関係にある③が正解。

(5) 関係詞（▶❽-1 p.124）の問題。空所の後ろは，前置詞toの後ろに目的語がない「不完全な構造」なので，「完全な構造」がくる関係副詞の② when と④ why は NG。①の what だと what I ... visit to が大きな名詞の働きをすることになるが，$_S$Prague $_V$is $_C$a city の後ろに S，O，C のどれかの働きをする名詞はこない。先行詞 a city にかかる関係代名詞節を作る③が正解。

2

(1) 複合関係副詞（▶❽-4 p.136）の問題。〈however＋形容詞＋S' V' ...〉「S' がどんなに…でも」の語順を見抜く。However difficult life may seem で「人生がどんなに困難に思えても」の意味。ちなみにこの助動詞 may は「譲歩」を表す助動詞で訳出の必要はない。

(2) 連鎖関係代名詞（▶❽-4 p.136）の問題。I believed he was you の he が関係代名詞になり前に出て，who I believed [ ] was you の語順になると考える。The man who I believed was you が大きな主語で，以下に turned out to be C「C だと判明した［わかった］」が続く。

和訳

1
(1) 私は若いころに何度も何度も同じ過ちをしたことを後悔している。
(2) 私は留学するために休職することを検討している。
(3) Andrew は，息子が望んでいた昇進ができるほど懸命に，彼が働かなかったことを恥じていた。
(4) 何をすべきかわからなかったので，Maria は私に助けを求めた。
(5) プラハは私が本当に訪れてみたい都市だ。

2
(1) 人生がどんなに困難に思えても，君にできる何かは常にある。
(2) 私があなただと思ったその男の人は，赤の他人だとわかった。

Chapter
9 比較

ドリルの前に
ざっと確認！

1 原級を用いた比較表現

学習ページ ▶ 1. (p.144)

(1) 同等比較（Ⓐ＝Ⓑ）：〈Ⓐ ... **as＋原級＋as** Ⓑ〉「ⒶはⒷと同じくらい～だ」

> **文のつくり方**
> ① 原則同じ構造の 2 つの文を用意する。
> ② Ⓐの「比べる尺度」の直前に **as** を置く。　③ 接続詞 **as** を置き，Ⓑをその後ろに置く。
> ④ Ⓑ内の語句は，誤解が生じない限り省略可。⑤ 2 つめの「比べる尺度」は**必ず省略**する。

比べる尺度－形容詞or副詞
原級(そのままの形)

Ⓐ ＝ Ⓑ

例 この木はあの木と同じくらいの高さだ。

① Ⓐ This tree is **tall**. ＝ Ⓑ That tree is **tall**.
（比べる尺度）

②③ This tree is **as tall as** that tree is tall.
（尺度の前の as／接続詞 as／2 つめの尺度は省略）

④⑤ This tree is **as tall as** that tree (is) ［　］.
（同じ動詞なので省略可）

(2) 倍数表現：〈Ⓐ ... **X 倍＋as＋原級＋as** Ⓑ〉「ⒶはⒷの X 倍～だ」

比べる尺度－形容詞or副詞

three times
twice
half
Ⓐ Ⓑ

例 この木はあの木の 2 倍高い。

This tree is **twice as tall as** that tree.
「X 倍」の表現（1 つめの as の前に置く）

1/2 倍	half	**2/3 倍**	two-thirds	**3/4 倍**	three quarters
2 倍	twice [two times]	**3 倍**	three times		
2 倍以上	more than twice	**何倍も**	many times		

(3) 同等比較の否定（Ⓐ<Ⓑ）：〈Ⓐ ... **not as [so]＋原級＋as** Ⓑ〉「ⒶはⒷほど～ない」
＝〈Ⓐ ... **less＋原級＋than** Ⓑ〉（劣勢比較）

比べる尺度－形容詞or副詞

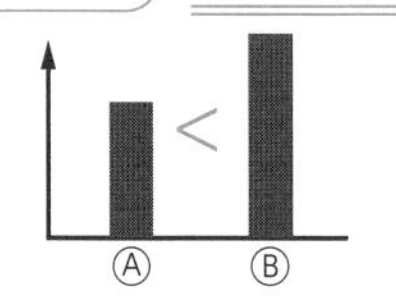

例 このペンはあのペンほど長くない。

This pen is **not as long as** that pen (is) ［　］.
（同じ動詞なので省略可／long は省略）

＝ This pen is **less long than** that pen (is).

2 比較級を用いた比較表現

学習ページ ▶ 2. (p.148)

(1) 比較（Ⓐ>Ⓑ）：〈Ⓐ ... **比較級＋than** Ⓑ〉「ⒶはⒷより～だ」 ⓘⒶ<Ⓑは（▶1-(3)）。

文のつくり方

① 原則同じ構造の 2 つの文を用意する。

② Ⓐの文の「比べる尺度」を**比較級**にする。　③ 接続詞 **than** を置き，Ⓑの文をその後ろに置く。

④ Ⓑ内の語句は，誤解が生じない限り省略可。　⑤ 2 つめの「比べる尺度」は**必ず省略**する。

※比較級［最上級］はふつう形容詞・副詞の語尾に -(e)r[-(e)st］をつけ，2 音節語の多くや 3 音節以上の音節の語では形容詞・副詞の前に more［most］を置く。

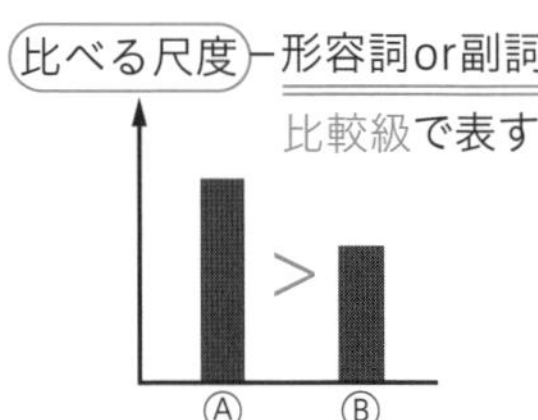

例　この木はあの木より高い。

① Ⓐ This tree is **tall**. ＞ Ⓑ That tree is **tall**.

比べる尺度

②③ This tree is **taller than** that tree is tall.

比較級（tall ＋ -er）　接続詞 than　必ず省略

④⑤ This tree is **taller than** that tree (is) ☐.

同じ動詞なので省略可

(2)「差」を伝える表現：〈Ⓐ ... 差 ＋**比較級**＋**than** Ⓑ〉「Ⓐは 差 でⒷより～だ」

比べる尺度

差

Ⓐ　Ⓑ

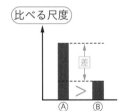

例　私は妻より 2 つ年上だ。（歳の差は 2 歳）

I am **two years older than** my wife (is).

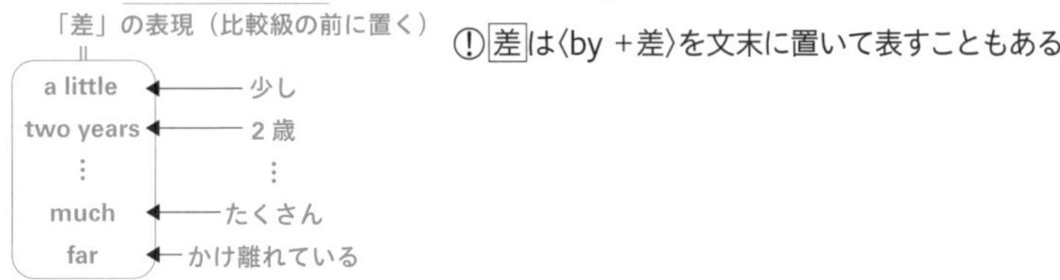

①差は〈by ＋差〉を文末に置いて表すこともある。

①差の位置に much［far］を入れると「ずっと…［はるかに…］」の意味となり，**比較を強調**することになる。

3　最上級と比較の重要表現

学習ページ 3. (p.152)

Chapter 9

(1) 最上級：〈Ⓐ ...（**the**）＋**最上級**＋M〉「Ⓐは―の中で最も［いちばん］～だ」

「―の中で」は，〈in ＋場所や範囲を表す語句〉か〈of ＋複数を表す語句〉の形。

①「最も～でない」は，〈the least ＋形容詞・副詞〉で表す。

①「2 番め［3 番め］に～だ」は，〈the second［third］＋最上級〉の語順で表す。

(2) 原級・比較級を用いて最上級の意味を表す表現

No (other) + **単数名詞** ... **as**[**so**] + **原級** + **as** Ⓑ.	Ⓑほど～な**単数名詞**はない。
No (other) + **単数名詞** ... **比較級** + **than** Ⓑ.	Ⓑより～な**単数名詞**はない。
Ⓐ ... **比較級** + **than any other** + **単数名詞**.	Ⓐはほかのどの**単数名詞**より～だ。
Nothing ... **as** [**so**] + **原級** + **as** [**比較級** + **than**] Ⓑ.	Ⓑほど［より］～なものはない。
Ⓐ ... **比較級** + **than anything else**.	Ⓐはほかの何より～だ。

(3) 比較級を用いた重要表現

比較級 + and + 比較級	ますます～
the + 比較級 + of the two	2 人［2 つ］のうちで～なほう
the + 比較級 ～，the + 比較級 ...	～すればするほど（ますます）…だ

1 ››› 比較① 原級を用いた比較表現

同等比較

I took as many photos as she (did).
同じくらいの写真を撮ったよ。

I drink as much water as she (does).
同じくらいの水を飲むよ。

ドリル 1 2 3 4

(1)～(5) の英文を書き写して完成させましょう。必ず比較の程度・比較されているもの・比較の尺度を意識しながら書くこと。

113

□ (1) 君のカレーはそのレストランのと同じくらいおいしい。
Your curry tastes as good as that in the restaurant.
as＋原級 as

Your curry ______________________.

このthatはcurryを指す，繰り返しを避けるための代名詞。

□ (2) Renは日曜日も，月曜日と同じくらい早く起きる。
Ren gets up as early on Sundays as on Mondays.
as＋原級 as

Ren ______________________.

□ (3) 君が貯めたのと同じくらいお金を貯めたいな。
I want to save as much money as you did.
as＋原級＋名詞 as

I want to ______________________ did.

moneyは不可算名詞なのでmany moneyはNG。

□ (4) その星は太陽の半分の量のエネルギーを生み出す。
The star produces half as much energy as the sun.
X倍 as＋原級＋名詞 as

The star ______________________ the sun.

□ (5) ライオンはチーターほど速く走れない。
The lion cannot run so fast as the cheetah can.
so＋原級 as

The lion ______________________ the cheetah can.

〈not so＋原級＋as〉の形。

Hints!

〈as＋原級＋名詞＋as〉の表現で「比べる尺度」である形容詞（原級）を書き忘れるなどのミスが起きやすい。可算名詞・不可算名詞の違いにも注意が必要。

ドリル 1 **2** 3 4

(1)～(5) の英文が日本語の意味になるように，Ⓐ・Ⓑの英文を参考にしながら（　）内の指示に従って，下線部を埋めましょう。

114

□ (1) Laura はドレスと同じくらい，T シャツもよく似合う。（〈as＋原級＋as〉を使って）
Ⓐ Laura looks good in a T-shirt.　Ⓑ She looks good in a dress.

Laura looks ______________ in a T-shirt _______ she looks in a dress.

she looks は she does でも可。この she looks [does] は省略可。

□ (2) ここは夏と同じくらい冬も雨が降る。（〈as＋原級＋as〉を使って）
Ⓐ It rains much in winter.　Ⓑ It rains much in summer here.

It rains ______________ in winter _______ it does in summer here.

it does は省略可。

□ (3) 君がしたのと同じくらいの数の写真を SNS にアップしたよ。
（〈as＋原級＋名詞＋as〉を使って）
Ⓐ I posted many photos on social media.
Ⓑ You posted many photos on social media.

I posted ___________________ on social media _______ you did.

social media　SNS，ソーシャルメディア（SNS は英語ではあまり使われない）／did は省略可。

□ (4) 私は Chris の 2 倍以上の数の写真を撮った。（〈as＋原級＋名詞＋as〉を使って）
Ⓐ I took many photos.　Ⓑ Chris took many photos.

I took ____________________________ many photos as Chris did.

did は省略可。

□ (5) その映画は，期待したほど良くなかった。（〈as＋原級＋as〉を使って）
Ⓐ The movie was good.　Ⓑ I had expected the movie would be good.

The movie was ____________________________ I had expected.

as S'（had）expected [thought]　期待した[思った]ほど

解答

(1) as good / as
(2) as much / as
(3) as many photos / as
(4) more than twice [two times] as
(5) not as [so] good as

Chapter 9

ドリル 1 2 **3** 4

(1)～(5) の(　)内の語句を並べ替え，英文を完成させましょう。

115

□ (1) 適度な運動は，身体にとってと同じくらい心にとってもよい。

Moderate exercise is (for your mind / good / as for / as) your body.

Moderate exercise is ________________________________ your body.

moderate 形 適度な

□ (2) 昨日と同じくらい今日も雪が激しく降った。

It snowed (today / yesterday / as / as heavily).

It snowed ________________________________.

□ (3) 思っていたのと同じくらい，それを終えるのに多くの時間がかかった。

It took (many hours / as I / to finish it / as) had thought.

It took ________________________________ had thought.

□ (4) 彼の農園は東京ドームの 10 倍以上広い。

His farm is (as / ten times / more than / as large) Tokyo Dome.

His farm is ________________________________ Tokyo Dome.

□ (5) この機械はその古いものほど電力を使わない。

This machine (much / as / electricity / doesn't use) as the old one.

This machine ________________________________ as the old one.

electricity 名 電力

解 答

(1) Moderate exercise is (as good for your mind as for) your body.

(2) It snowed (as heavily today as yesterday).

(3) It took (as many hours to finish it as I) had thought.

▶〈It takes＋時間＋to *do*...〉「…するのに(時間)がかかる」の「時間」のところに as many hours が入った形。

(4) His farm is (more than ten times as large as) Tokyo Dome.

▶ 1 つめの as の前に more than ten times「10 倍以上」を置く。

(5) This machine (doesn't use as much electricity) as the old one.

(1)～(5) の下線部を埋めて，英文を完成させましょう。

□ (1) 君の作ったカレーはそのレストランの(カレー)と同じくらいおいしい。

The curry you made tastes ______________________ the restaurant.

□ (2) Hina は日曜日も，月曜日と同じくらい早く起きる。

Hina gets up ______________________________.

□ (3) この星は太陽と同じくらいの量のエネルギーを生み出す。

This star produces ______________________________.

□ (4) 君の 2 倍以上の数の写真を SNS にアップしたよ。

I posted ______________________________

______________________________ social media as you did.

□ (5) 期待したほどお金が貯められなかった。

I couldn't ______________________ had expected.

Chapter 9

解答

(1) The curry you made tastes as good [delicious] as that in [at] the restaurant.

▶繰り返しを避けるための代名詞 that と in [at]がないと NG。the curry と the restaurant を比較しているような誤解が生じる。

(2) Hina gets up as early on Sundays as (she does) on Mondays. [Hina gets up as early on Sunday as (she does) on Monday.]

▶Monday(s)の前に on がないのは NG。Hina と Monday(s)を比較しているような誤解が生じる。

(3) This star produces as much energy as the sun (does).

▶much がないのは NG。比べる尺度が明示されないため，energy のどのようなことを比較しているのか不明となる。

(4) I posted more than twice [two times] as many photos [pictures / photographs] on social media as you did. ▶many がないのは NG。

(5) I couldn't save as [so] much money as I had expected. ▶much がないのは NG。

2 ››› 比較② 比較級を用いた比較表現

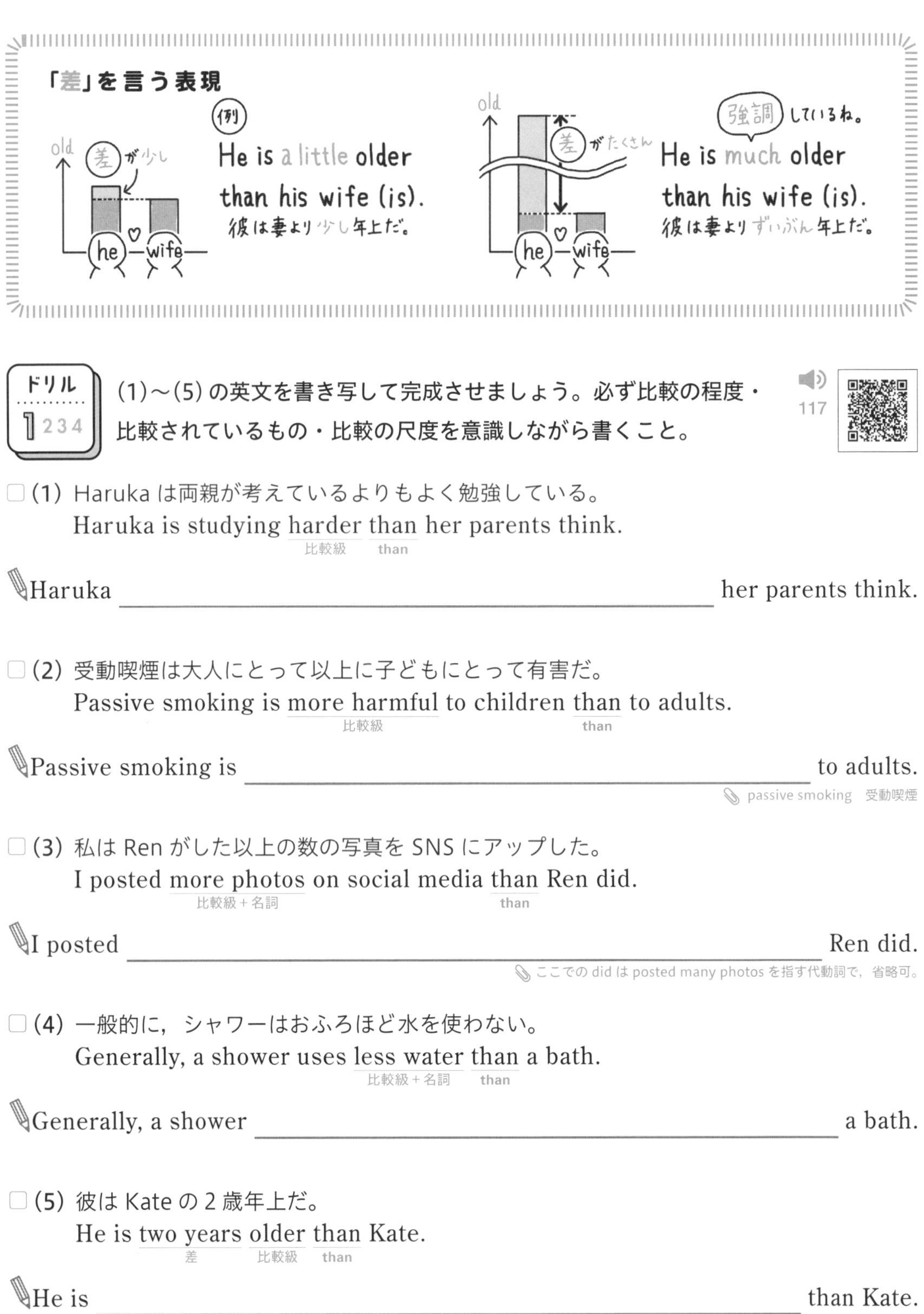
「差」を言う表現
例
old
差 が少し
he
wife
He is a little older than his wife (is).
彼は妻より少し年上だ。
old
差 がたくさん
強調 しているね。
He is much older than his wife (is).
彼は妻よりずいぶん年上だ。

ドリル 1 2 3 4

(1)～(5) の英文を書き写して完成させましょう。必ず比較の程度・比較されているもの・比較の尺度を意識しながら書くこと。

117

□ (1) Haruka は両親が考えているよりもよく勉強している。

Haruka is studying harder than her parents think.
（harder：比較級　than：than）

Haruka ＿＿＿＿＿＿＿＿＿＿＿＿＿＿＿＿ her parents think.

□ (2) 受動喫煙は大人にとって以上に子どもにとって有害だ。

Passive smoking is more harmful to children than to adults.
（more harmful：比較級　than：than）

Passive smoking is ＿＿＿＿＿＿＿＿＿＿＿＿＿＿＿＿ to adults.

passive smoking　受動喫煙

□ (3) 私は Ren がした以上の数の写真を SNS にアップした。

I posted more photos on social media than Ren did.
（more photos：比較級＋名詞　than：than）

I posted ＿＿＿＿＿＿＿＿＿＿＿＿＿＿＿＿ Ren did.

ここでの did は posted many photos を指す代動詞で，省略可。

□ (4) 一般的に，シャワーはおふろほど水を使わない。

Generally, a shower uses less water than a bath.
（less water：比較級＋名詞　than：than）

Generally, a shower ＿＿＿＿＿＿＿＿＿＿＿＿＿＿＿＿ a bath.

□ (5) 彼は Kate の 2 歳年上だ。

He is two years older than Kate.
（two years：差　older：比較級　than：than）

He is ＿＿＿＿＿＿＿＿＿＿＿＿＿＿＿＿ than Kate.

He is older than Kate by two years. と言いかえられる。

Hints!

〈more＋名詞〉には〈more＋可算名詞〉と〈more＋不可算名詞〉とがあり，それぞれ〈many＋可算名詞〉と〈much＋不可算名詞〉からできている。名詞の可算・不可算に注意すること。

ドリル 1 **2** 3 4

(1)～(5) の英文が日本語の意味になるように，Ⓐ・Ⓑの英文を参考にしながら(　)内の指示に従って，下線部を埋めましょう。

118

□ (1) 青森市は，札幌市よりも雪が多く降る。　(〈比較級＋than〉を使って)
Ⓐ It snows much in Aomori city.　Ⓑ It snows much in Sapporo city.

It snows ______ in Aomori city ______ it does in Sapporo city.

it does は省略可。

□ (2) 喫煙者は非喫煙者と比べて，がんにかかる可能性が高い。　(〈比較級＋than〉を使って)
Ⓐ Smokers are likely to get cancer.　Ⓑ Non-smokers are likely to get cancer.

Smokers are ____________ to get cancer ______ non-smokers are.

最後の are は省略可。／*be* likely to *do*… …する可能性がある／get cancer　がんにかかる

□ (3) 今日は昨日よりするべきことがたくさんある。　(〈比較級＋名詞＋than〉を使って)
Ⓐ I have many things to do today.　Ⓑ I had many things to do yesterday.

I have ____________ to do today ______ yesterday.

I had が省略されている。また，Ⓑの many things to do は必ず省略する。

□ (4) この冷蔵庫は私たちの冷蔵庫ほど電力を使わない。　(〈比較級＋名詞＋than〉を使って)
Ⓐ This fridge uses little electricity.　Ⓑ Ours uses little electricity.

This fridge uses ______ electricity ______ ours does.

does は省略可。

□ (5) Tim は弟より少し背が高く，妹よりずっと背が高い。　(「差」を比較級の前に入れて)
Ⓐ Tim is taller than his brother.　Ⓑ Tim is taller than his sister.

Tim is ____________ taller than his brother and ______ taller than his sister.

Chapter 9

解答

(1) more / than　▶この more は副詞 much の比較級。
(2) more likely / than
(3) more things / than　▶この more は形容詞 many の比較級。
(4) less / than
(5) a little / much [far]　▶「差」が少しなら a little を，たくさんなら much か far を入れる。

(1)～(5) の(　)内の語句を並べ替え，英文を完成させましょう。

119

□ (1) Haruka は家より図書館のほうがよく勉強できる。

Haruka can (the library / than / harder in / study) at home.

Haruka can ______________________________ at home.

□ (2) 君のオムレツは，あのレストランのオムレツよりずっとおいしいよ。

Your omelet is (delicious / that / than / much more) in that restaurant.

Your omelet is ______________________________ in that restaurant.

□ (3) 昨年より数多くの旅行客に私たちの町を訪れてほしいと思う。

We want (tourists / to visit / our town / more) than last year.

We want ______________________________ than last year.

□ (4) ワクチンを接種した人のほうが，新型コロナウイルス感染症にかかる可能性がより低い。

The vaccinated are (get / likely / less / to) COVID-19.

The vaccinated are ______________________________ COVID-19.

the vaccinated　ワクチンを接種した人／COVID-19 名 新型コロナウイルス感染症

□ (5) プラスチックは紙より環境にとってはるかに有害だ。

Plastic is (harmful / far / to the environment / more) than paper.

Plastic is ______________________________ than paper.

environment 名 環境

解答

(1) Haruka can (study harder in the library than) at home.

(2) Your omelet is (much more delicious than that) in that restaurant.

▶ この much は「差」が大きいことを表し，比較級を強調することになる。omelet の繰り返しを避ける代名詞の that に注意。

(3) We want (more tourists to visit our town) than last year.

▶ want many tourists to visit our town の many が比較級になっている。

(4) The vaccinated are (less likely to get) COVID-19.

▶ COVID-19 の後ろには than the unvaccinated are が続くが，文脈上明らかな場合は than 以下を省略することができる。

(5) Plastic is (far more harmful to the environment) than paper.

(1)～(5) の下線部を埋めて，英文を完成させましょう。

120

□ (1) 屋久島(Yakushima)は東京よりずっと多く雨が降る。

It rains ______________________________ in Tokyo.

□ (2) 喫煙者は非喫煙者と比べて，肺がん(lung cancer)にかかる可能性が高い。

Smokers ______________________________

______________________________ non-smokers are.

□ (3) Rin は今日，昨日よりするべきことがたくさんあるようだ。

Rin seems ______________________________ yesterday.

□ (4) このエアコン(air conditioner)は古いものほど電力を使わない。　(less を使って)

This air conditioner ______________________________ the old one.

□ (5) ビニール袋は，海洋生物(marine life)にとって多くの人が思うよりもはるかに有害だ。

Plastic bags are ______________________________

______________________________ think.

Chapter 9

解答

(1) It rains much [far] more in Yakushima than (it does) in Tokyo.

▶ この much は「差」が大きいこと，far は「差」がかけ離れて大きいことを表し，比較級を強調することになる。

(2) Smokers are more likely to get [develop] lung cancer than non-smokers are.

(3) Rin seems to have more things to do today than (she did) yesterday.

(4) This air conditioner uses [consumes] less electricity [power] than the old one.

(5) Plastic bags are much [far] more harmful to marine life than many [a lot of] people think.

3 ››› 比較③ 最上級と比較の重要表現

Nothing is worse than war.

悪 / より上がないので1番 / ない / war / 戦争以上に悪いものはない

the 比較級～, the 比較級…の構文の注意点

ケース① SV many 名s
the more 名s SV ※moreと名sを離さない!

ケース② S be likely to do…
the more likely S be to do… ※more likelyで1つの比較級!

ドリル 1 2 3 4

(1)～(5)の英文を書き写して完成させましょう。必ず比較の程度・比較されているもの・比較の尺度を意識しながら書くこと。

121

□ (1) 陸上で最も速い動物は何ですか。
What is the fastest animal on land?
（the fastest animal：最上級＋名詞）

What is ＿＿＿＿＿＿＿＿＿＿ on land?

□ (2) チーター以上に速く走れる動物はいない。
No animal can run faster than the cheetah can.
（No animal：No＋単数名詞　faster than：比較級＋than）

＿＿＿＿＿＿＿＿＿＿ the cheetah can.

faster than を as fast as に変えてもほぼ同じ意味。最後の can は省略可。

□ (3) (紙の)新聞でニュースを読む人がますます少なくなっている。
Fewer and fewer people are reading news in the newspaper.
（Fewer and fewer people：比較級＋and＋比較級＋名詞）

＿＿＿＿＿＿＿＿＿＿ in the newspaper.

〈fewer and fewer＋名詞〉 ますます少ない(名詞)

□ (4) Kenは2人の兄弟のうちでより背が高いほうだ。
Ken is the taller of the two brothers.
（the taller：the＋比較級　of the two brothers：of the two＋名詞）

Ken is ＿＿＿＿＿＿＿＿＿＿ brothers.

□ (5) 懸命に勉強すればするほど，君の成績はよくなるだろう。
The harder you study, the better your grades will get.
（The harder：The＋比較級　the better：the＋比較級）

＿＿＿＿＿＿＿＿＿＿ will get.

Hints!

〈the＋比較級 ～，the＋比較級 ...〉の構文では，〈more＋名詞〉や〈more＋形容詞・副詞〉のまとまりを意識すること。the more だけを前に出すのは NG。

ドリル 1 **2** 3 4

(1)・(3)・(4) は英文が日本語の意味になるように，(2)・(5) はⒶ・Ⓑの英文を参考にしながら（　）内の指示に従って，下線部を埋めましょう。

122

□ (1) Ken はクラスメイトのうちで，また学校内でも最も背が高い。　(〈the＋最上級〉を使って)

Ken is ____________ all his classmates and also ______ his school.

□ (2) サヨナラ負けすることほどがっかりさせることはない。　(〈as＋原級＋as〉を使って)

Ⓐ Nothing is disappointing.　Ⓑ Losing in a walk-off is disappointing.

Nothing is ________________ losing in a walk-off is.

最後の is は省略可。／lose in a walk-off　サヨナラ負けする

□ (3) ますます多くの人がオンラインでニュースを読んでいる。(〈比較級＋and＋比較級〉を使って)

____________ people are reading news online.

□ (4) この町の 2 つの博物館のうちで，その歴史博物館がより人気なほうです。

(〈the＋比較級〉を使って)

Of the two museums in this city, the historical museum is ____________

____________.

□ (5) 疲れていればいるほど，間違いをする可能性が高まる。

(〈the＋比較級 , the＋比較級〉を使って)

Ⓐ You are tired.　Ⓑ You are likely to make a mistake.

The ________ you are, the ________ you are to make a mistake.

解答

(1) the tallest of / in
(2) as disappointing as　▶ more disappointing than でもほぼ同じ意味。
(3) More and more　▶ この more は形容詞 many の比較級。
(4) the more popular　▶ このように of the two ～ が文頭にくることがある。
(5) more tired / more likely

Chapter 9

(1)～(5)の(　)内の語句を並べ替え，英文を完成させましょう。文頭の語は大文字で始めること。

123

□ (1) これは，私がこれまでに読んだ中で2番めにおもしろい小説だ。

This is (interesting / most / second / the) novel that I've ever read.

This is ______________________________ novel that I've ever read.

□ (2) Laura が作るジャムは，ほかのどのジャムよりおいしい。

The jam Laura makes is (delicious / any other / than / more) jam.

The jam Laura makes is ______________________________ jam.

□ (3) 君の成績がどんどんよくなっていくのを見られてうれしいよ。

I'm happy to see (getting / your grades / and better / better).

I'm happy to see ______________________________.

□ (4) Kate は2つの箱のうち小さいほうを開けたのだが，中には指輪が入っていた。

Kate opened (smaller / the two / of / the) boxes, which contained a ring.

Kate opened ______________________________ boxes, which contained a ring.

contain 動～をふくむ

□ (5) John が言い訳をすればするほど，彼の状況は悪化した。

(more / John made / the / excuses), the worse his situation got.

______________________________, the worse his situation got.

make many excuses　多くの言い訳をする

解 答

(1) This is (the second most interesting) novel that I've ever read.

▶「2番め[3番め]に最も～だ」は〈the＋second [third]＋最上級〉の語順で表す。

(2) The jam Laura makes is (more delicious than any other) jam.

(3) I'm happy to see (your grades getting better and better).　▶知覚動詞 see O *doing*... に注意。▶❷-2 p.27

(4) Kate opened (the smaller of the two) boxes, which contained a ring.

(5) (The more excuses John made), the worse his situation got.

▶more と excuses を離すのは NG。 many excuses の many が比較級になると more excuses。これが the を伴って文頭に出るため。

ドリル 1 2 3 **4**

(1)～(5) の下線部を埋めて，英文を完成させましょう。

124

□ (1) 地上で 2 番めに速い動物は何ですか。

What ______________________________ on land?

□ (2) サヨナラ勝ちすることほど，興奮させるようなことはない。

(win in a walk-off を使って)

______________________________ in a walk-off.

□ (3) ますます多くの人が，スマートフォンでニュースを読んでいる。

______________________________ on smartphones.

□ (4) 彼は 2 つの箱のうち大きいほうを開けたのだが，中には何も入っていなかった。

He ______________________________ boxes, which contained nothing.

□ (5) 眠ければ眠いほど，間違える可能性が高まる。

The sleepier you are, ______________________________ a mistake.

Chapter 9

解 答

(1) What is the second fastest animal on land? ▶ちなみに答えはプロングホーン(pronghorn)。

(2) Nothing is as [so] exciting as winning [to win] in a walk-off. [Nothing is more exciting than winning [to win] in a walk-off.]

(3) More and more people are reading news on smartphones.

(4) He opened the bigger [larger] of the two boxes, which contained nothing.

(5) The sleepier you are, the more likely you are to make a mistake. ▶more と likely を離すのは NG。

Chapter 10

仮定法・強調・倒置

ドリルの前に
ざっと確認！

1 仮定法

学習ページ ▶ 1.(p.158), 2.(p.162), 3.(p.166)

❶ 仮定法の基本

「事実でない［可能性が少ない］ことを言う」「時制を下げる」の 2 つがポイント。

仮定法過去 （現在のことを仮定）	**If S'** 過去形 **...,** もし S' が…なら,	**S** would *do*... S は…するだろう
	混合パターン	
仮定法過去完了 （過去のことを仮定）	**If S'** had *done*..., もし S' が…だったなら,	**S** would have *done*... S は…しただろう

(1) **仮定法過去**：**現在**のことを仮定するが，時制を下げて**過去形**を使うのでこう呼ぶ。

(2) **仮定法過去完了**：**過去**のことを仮定するが，**過去完了形**を使うのでこう呼ぶ。

①主節の助動詞は，could「…できるだろう」，might「…かもしれない」も使える。

(3) **混合パターン**：[ ]のように，**if 節が仮定法過去完了，主節が仮定法過去**で，「(過去において) S' が…だったなら，(現在) S は…するだろう」の意味になる。

❷ 未来のことを言う仮定法

(1) **If** S' **were to** ***do***..., S would *do*...「**仮に** S' が…する**としたら**，S は…するだろう」

① would の代わりに could や might も使える。実現可能性がまったくないことにも用いる。

(2) **If** S' **should** ***do***..., S would *do*...「**万一** S' が…する**としたら**，S は…するだろう」

① would の代わりに could や might も使える。実現可能性がまったくないことには使えない。主節に will［can / may］を使うこともある。

❸ 仮定法の重要構文

(1) S **wish** S' **過去形** ...「S は S' が…**なら**いいのになあと思う」

S **wish** S' **had** ***done***...「S は S' が…**だったなら**いいのになあと思う」

①過去形の部分が **could** ***do***...「…**できる**なら」，had *done* の部分が **could have** ***done***「…**できた**なら」になることもある。

(2) **as if** S' **過去形** ...「**まるで** S' が…**するかのように**」

as if S' **had** ***done***...「**まるで** S' が…**したかのように**」

(3) **if it were not for** ***A***「**もし A がなければ**」 ① **but for** ***A*** / **without** ***A*** と交換可。

if it had not been for ***A***「**もし A がなかったならば**」 ① **but for** ***A*** / **without** ***A*** と交換可。

(4) **with a little more** ***A***「**もう少しの A があれば**」

(5) if の省略による倒置：if 節の if が省略されると倒置が起きる。

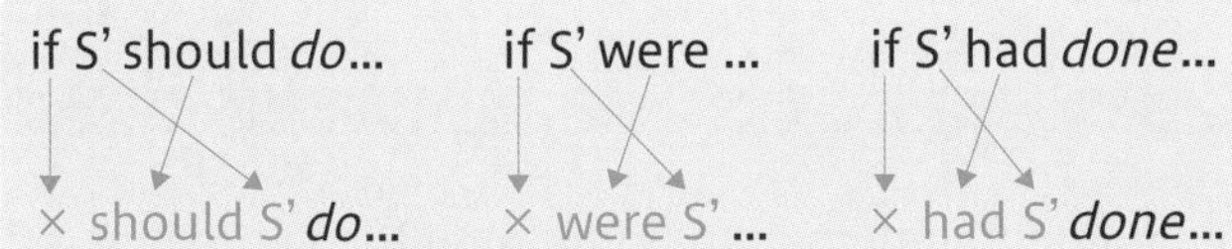

(6) **It is (about [high]) time** S' **過去形 ...** 「(そろそろ[とうに])S' は…してよいころだ」

(7) **S V (提案・要求・命令) that S' *do*...** の形をとる表現：仮定法現在と呼ぶ。この形をとる動詞には，suggest「提案する」，propose「提案する」，demand「要求する」，insist「要求する」，request「頼む」，recommend「勧める」，advise「忠告する」，order「命令する」などがある。

① insist は「主張する」の意味ではこの形にならない。suggest は「示唆［暗示］する」の意味ではこの形にならない。

例 Joe **suggested** to me that I **go** out.　Joe は私に外出してはどうかと提案した。
過去の内容でも動詞の原形。should go と表現することもある。

2 強調構文・否定語＋倒置

学習ページ 4. (p.170)

❶ 強調構文

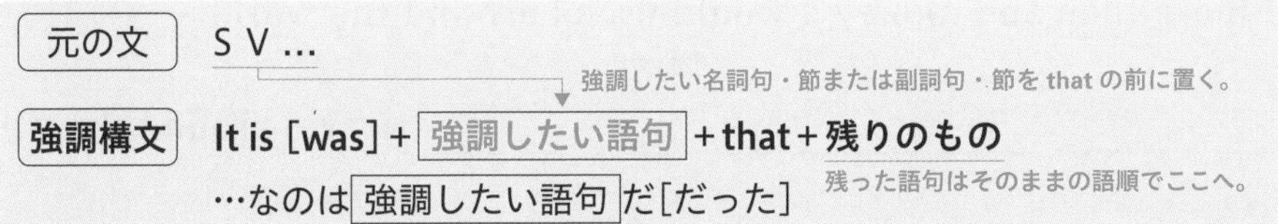

①強調される語句が〈人〉の場合は that の代わりに **who**，〈人以外〉の場合は **which** が用いられることもある。

例：Bob① met Rin② in the park③.　※①～③をそれぞれ強調

① **It was** Bob **that** ＿ met Rin in the park.　公園で Rin に会ったのは Bob だった。

② **It was** Rin **that** Bob met ＿ in the park.　公園で Bob が会ったのは Rin だった。

③ **It was** in the park **that** Bob met Rin ＿.　Bob が Rin に会ったのは公園だった。

❷ 否定を強調するための倒置

否定語や only を文頭に出して強調すると倒置（疑問文と同じ語順）が起きる。

否定語句		倒置
never [little]　「決して…ない」		is [am / are / was / were] S ...
hardly [scarcely]　「ほとんど…ない」	＋	do [does / did] S *do*...
rarely [seldom]　「めったに…ない」		have [has / had] S *done*...
not until [only after] ...　「…して初めて」など		助動詞 S *do*...

※ 注意すべき〈否定語＋倒置〉の構文

・**No sooner** had **S** *done* ～ **than** S' + 過去形 ... 「S が～するとすぐに S' が…した」

・**Hardly** [**Scarcely**] had **S** *done* ～ **when** [**before**] S' + 過去形 ... 「S が～するとすぐに S' が…した」

Chapter 10

1 ››› 仮定法① 仮定法の基本

時制を1つ下げるとは

	現在	現在完了・過去
	⇩ 1つ下げる	⇩
if節内：	過去形	過去完了形
主節内：	would *do*	would have *done*

例 If this replica were real,
事実：≠ real
it would be 5 billion yen.
事実：≠ 50億円
仮想・理想・空想
本物なら

ドリル 1 2 3 4

(1)～(5) の英文を書き写して完成させましょう。必ず仮定法の時制や構造を意識しながら書くこと。

125

□ (1) もっと時間とお金があれば，世界中を旅するだろう。
If I had more time and money, I would travel around the world.
(If / S' / 過去形 / S / would *do*)

✎ ______________________________ travel around the world.

□ (2) Ken がスリーポイントシュートを決めなかったなら，僕らは負けていたただろう。
We would have lost if Ken had not scored a three-point shot.
(S / would have *done* / if / S' / had not *done*)

✎ We ______________________________ a three-point shot.

if 節が後ろにくることもある。

□ (3) もし動物が話すことができたら，私たちに言うべきことがたくさんあるかもしれない。
If animals could talk, they might have many things to say to us.
(If / S' / 過去形(could) / S / might *do*)

✎ If animals ______________________________ to us.

「～かもしれない」は might を使う。

□ (4) John が彼女に謝っていたなら，今状況はこれほど悪くないだろう。
If John had apologized to her, the situation would not be so bad now.
(If / S' / had *done* / S / would not *do*)

✎ If John ______________________________ so bad now.

従属節(If John ...)が過去の仮定，主節(the situation ～)が現在の仮定。

□ (5) 仮に私の知っていることを彼に話すとしたら，彼はショックを受けるだろう。
If I were to tell him what I know, he would be shocked.
(If / S' / were to *do* / S / would *do*)

✎ If I ______________________________ shocked.

Hints!

仮定法の基本構造をしっかり覚えること。事実[現実]と仮定[仮想]との距離を，時制を１つ下げることで表現するのが仮定法。時制に注意が必要。

ドリル 1 **2** 3 4

(1)～(5) の[ ]内から英文に合う適切なものを選びましょう。

126

□ **(1)** このレプリカ(replica)が本物なら，50 億円するだろう。

If this replica [① is／② were] real, it [① will／② would] be 5 billion yen.

仮定法過去の if 節の be 動詞は，ふつう were で表す(was はくだけた言い方)。

□ **(2)** 事前にそのリスクを知っていたなら，君を止めただろうに。

If I [① knew／② had known] the risk in advance, I [① will／② would] have stopped you.

□ **(3)** Mary がひじを痛めていなかったなら，その試合に勝つことができただろう。

Mary [① can／② could] have won the match if she [① had／② did] not hurt her elbow.

elbow 名ひじ

□ **(4)** あのとき彼女に出会っていなかったなら，僕の人生は今みじめなものだろう。

If I [① didn't meet／② hadn't met] her then, my life [① will／② would] be miserable now.

miserable 形みじめな

Chapter 10

□ **(5)** A: 万一宝くじに当たったら，僕たちどうする？

B: 僕たちじゃなくて私ね。

A: If we [① can／② should] win the lottery, what [① would／② did] we do?

B: Not we but I.

win the lottery 宝くじに当たる

解 答

(1) ② / ② ▶仮定法過去。

(2) ② / ② ▶仮定法過去完了。

(3) ② / ① ▶仮定法過去完了。「～できただろう」は could を使う。

(4) ② / ② ▶混合パターン。従属節(If I ～)が過去の仮定，主節(my life ...)が現在の仮定。

(5) ② / ① ▶If S' should *do*..., S would *do*... の形。

(1)～(5)の(　)内の語句を並べ替え，英文を完成させましょう。

□ (1) 上司がここにいたら，君の意見に同意しないだろう。

If the boss were here, she (agree / not / with / would) your opinion.

If the boss were here, she ________________ your opinion.

□ (2) もう少し早く家を出ていたら，私たちはその電車に間に合っただろう。

If we (a little / had / home / left) earlier, we would've caught the train.

If we ________________ earlier, we would've caught the train.

□ (3) もしそのマンガに出会わなかったら，彼はサッカーを始めなかったかもしれない。

He (started / have / not / might) soccer if he hadn't come across the manga.

He ________________ soccer if he hadn't come across the manga.

□ (4) 彼が大学を卒業していたなら，状況は今もっとよいだろう。

If (had / from / graduated / he) college, the situation would be better now.

If ________________ college, the situation would be better now.

□ (5) 今日世界が終わるとしたら，だれと一緒にいたいですか。

If (to / the world / were / end) today, who would you want to be with?

If ________________ today, who would you want to be with?

解答

(1) If the boss were here, she (would not agree with) your opinion.
(2) If we (had left home a little) earlier, we would've caught the train.
(3) He (might not have started) soccer if he hadn't come across the manga.
(4) If (he had graduated from) college, the situation would be better now.
▶ 従属節(If ～)が過去の仮定，主節(the situation ...)が現在の仮定。
(5) If (the world were to end) today, who would you want to be with?

(1)～(5) の下線部を埋めて，英文を完成させましょう。

□ (1) この油絵(oil painting)が本物なら，10 億円するだろう。

If ______________________________ a billion yen.

□ (2) 事前に(in advance)そのリスクを知っていたら，私はそんなことをしなかっただろう。

If I ______________________________ such a thing.

□ (3) 彼がひざを痛めていなかったなら，彼はその試合に勝ったかもしれない。

If he ______________________________ the match.

□ (4) あのとき彼に出会っていなかったなら，私の人生は今ほどよくないだろう。

If I ______________________________ so good as now.

□ (5) 万一宝くじに当たったとしたら，何を買いますか。

If you ______________________________ buy?

Chapter
10

解 答

(1) If this oil painting were [was] real [original], it would be [be worth / cost] a billion yen.

(2) If I had known the risk in advance, I would not have done such a thing.
▶would not の縮約形 wouldn't も可。

(3) If he had not hurt his knee(s), he might have won the match.
▶had not の縮約形 hadn't も可。

(4) If I had not met [seen / come across] him then [at that time], my life would not be so good as now. ▶had not，would not はそれぞれ縮約形 hadn't，wouldn't でも可。

(5) If you should [were to] win the lottery, what would you buy?

2 >>> 仮定法② 仮定法の重要構文①

例 I wish I were rich. 金持ちならいいのになぁ
過去形
仮想・理想・空想
were
このキョリを
時制を1つ下げる
ことで表すので
事実・現実
× am
He talks as if he were our boss.
まるで上司のように
boss
じゃ
ないのに

ドリル 1 2 3 4

(1)～(5) の英文を書き写して完成させましょう。必ず仮定法の時制や構造を意識しながら書くこと。 129

□ (1) 億万長者の家庭に生まれていたらいいのになあと思う。
I wish I had been born in a billionaire family.
(wish / had *done*)

I ______________________________ born in a billionaire family.

billionaire 名 億万長者

□ (2) Tracy はまるで私たちの上司であるかのようにふるまうことがよくある。
Tracy often acts as if she were our boss.
(as if / 過去形)

Tracy ______________________________ our boss.

□ (3) もし水がなければ，地球は青い星ではないだろう。
If it were not for water, the earth wouldn't be a blue planet.
(If it were not for / *A* / wouldn't *do*)

______________________________, the earth wouldn't be a blue planet.

□ (4) あなたの忠告がなかったなら，私は成功していなかっただろう。
If it had not been for your advice, I wouldn't have succeeded.
(If it had not been for / *A* / wouldn't have *done*)

______________________________, I wouldn't have succeeded.

□ (5) 大気がなければ，つまり空気がなければ，だれも生きられない。
But for atmosphere, that is, without air, no one could live.
(But for / *A* / without / *A* / could *do*)

______________________, that is, ______________________, no one could live.

but for *A*，without *A* は，主節が現在の仮定でも過去の仮定でも使える。ここでは現在の仮定。／that is　つまり

Hints!

if it were not for *A* や if it had not been for *A* など仮定法の重要構文は入試頻出。形をしっかり覚えることと，時制に注意することが必要。

(1)～(5) の[　]内から英文に合う適切なものを選びましょう。

130

□ (1) バスケットボールをするたびに，もっとずっと背が高ければいいのになあと思う。

Every time I play basketball, I wish I [① were／② had been] much taller.

□ (2) Carl はパリについて，まるで何度もそこに行ったことがあるかのように話をする。

Carl talks about Paris as if he [① went／② had been] there many times.

□ (3) もし半導体がなければ，スマートフォンは作られないだろう。

If [① it were／② there were] not for semiconductors, smartphones [① couldn't be／② couldn't have been] produced.

semiconductor 名半導体

□ (4) もし君がいなかったら，私は Alex と連絡を取れなかっただろう。

I [① couldn't get／② couldn't have got] in touch with Alex if it [① were not／② had not been] for you.

get [keep] in touch with *A*　A と連絡を取る[取り続ける]

□ (5) そこに石炭がなかったら，産業革命は起きなかっただろう。

[① But for／② With] coal there, the Industrial Revolution [① wouldn't occur／② wouldn't have occurred].

coal 名石炭／the Industrial Revolution　(イギリス)産業革命／occur 動起こる

解答

(1) ①　▶現在の仮定なので，仮定法過去。

(2) ②　▶現在完了(「行ったことがある」という経験)の仮定なので，仮定法過去完了。

(3) ① / ①　▶if it were not for *A*のパターン。there were を使うのなら，If there were no semiconductors であれば解答になり得る。

(4) ② / ②　▶if it had not been for *A* のパターン。仮定法過去完了。

(5) ① / ②　▶but for *A* のパターン。主節が現在の仮定でも過去の仮定でも使える。ここでは過去の仮定。

(1)～(5) の(　)内の語句を並べ替え，英文を完成させましょう。
文頭の語は大文字で始めること。

131

□ (1) 彼は今や有名な俳優だから，彼と連絡を取り続けていればよかったなあと思う。

Now that he's a famous actor, I wish I (with / kept / in touch / had) him.

Now that he's a famous actor, I wish I ______________________________ him.

□ (2) まるで昨日起こったかのようにその瞬間を私は覚えている。

I remember the moment (had happened / if / as / it) yesterday.

I remember the moment ______________________________ yesterday.

□ (3) もしウイルスがなければ，マスクをする必要はないだろう。

We would not have to wear masks if (for / not / were / it) viruses.

We would not have to wear masks if ______________________________ viruses.

virus 名 ウイルス

□ (4) もし君の助けがなかったら，僕に何ができただろう。

What could I have done if (not / for / it / had / been) your help?

What could I have done if ______________________________ your help?

□ (5) もう少しの辛抱強さがあれば，彼はその問題を解決できただろう。

(patience / a little / more / with), he could've solved the problem.

______________________________, he could've solved the problem.

patience 名 辛抱強さ，忍耐

解答

(1) Now that he's a famous actor, I wish I (had kept in touch with) him.
(2) I remember the moment (as if it had happened) yesterday.
(3) We would not have to wear masks if (it were not for) viruses.
(4) What could I have done if (it had not been for) your help?
(5) (With a little more patience), he could've solved the problem.

ドリル 1 2 3 4

(1)～(5) の下線部を埋めて，英文を完成させましょう。

132

□ (1) 父親がハリウッドスターならいいのになあと思う。

I ________________ a Hollywood star.

□ (2) Emma はまるで僕の母親であるかのようにふるまうことがよくある。

Emma ________________ my mother.

□ (3) 半導体(semiconductors)がなければ，あらゆるデジタル機器が作れないだろう。

If ________________, no digital devices could be produced.

□ (4) もしあのときあなたがいなかったら，私は困っていただろう。

If ________________ then, I would've been in trouble.

□ (5) このウイルス(virus)がなければ，ふつうの生活ができるのにね。　(But で始めて)

________________ a normal life.

Chapter 10

解答

(1) I wish my father were [was] a Hollywood star.

(2) Emma often acts [behaves] as if she were [was] my mother.

(3) If it were not for semiconductors, no digital devices could be produced.

▶ were not は縮約形 weren't も可。

(4) If it had not been for you then, I would've been in trouble. ▶ had not は縮約形 hadn't も可。

(5) But for this virus, we could live [lead] a normal life.

3 >>> 仮定法③ 仮定法の重要構文②

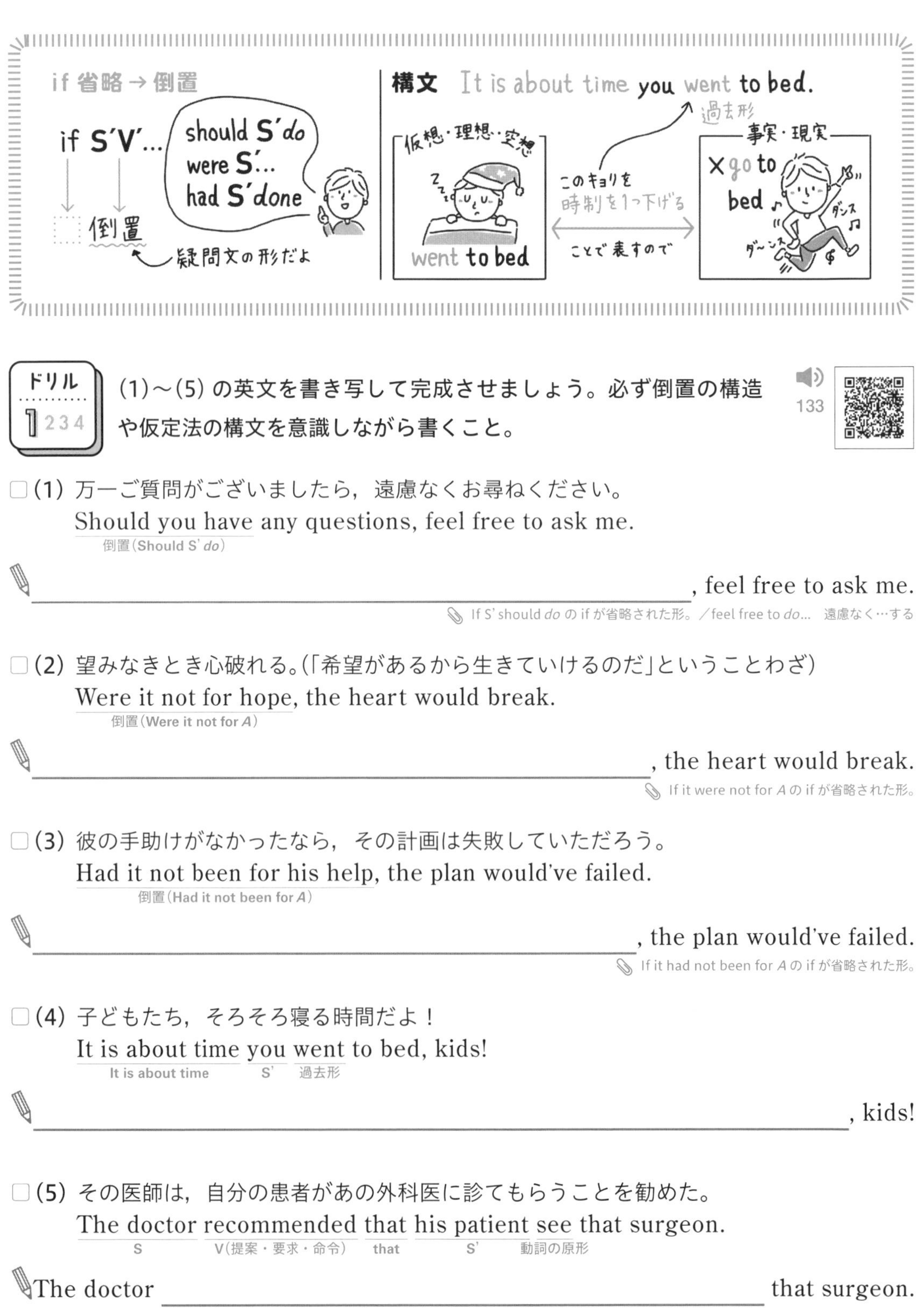

ドリル 1 2 3 4

(1)〜(5) の英文を書き写して完成させましょう。必ず倒置の構造や仮定法の構文を意識しながら書くこと。

133

□ (1) 万一ご質問がございましたら，遠慮なくお尋ねください。

Should you have any questions, feel free to ask me.
（Should you have：倒置（Should S' *do*））

______________________________, feel free to ask me.

If S' should *do* の if が省略された形。／feel free to *do*... 遠慮なく…する

□ (2) 望みなきとき心破れる。(「希望があるから生きていけるのだ」ということわざ)

Were it not for hope, the heart would break.
（Were it not for hope：倒置（Were it not for *A*））

______________________________, the heart would break.

If it were not for *A* の if が省略された形。

□ (3) 彼の手助けがなかったなら，その計画は失敗していただろう。

Had it not been for his help, the plan would've failed.
（Had it not been for his help：倒置（Had it not been for *A*））

______________________________, the plan would've failed.

If it had not been for *A* の if が省略された形。

□ (4) 子どもたち，そろそろ寝る時間だよ！

It is about time you went to bed, kids!
（It is about time：It is about time／you：S'／went：過去形）

______________________________, kids!

□ (5) その医師は，自分の患者があの外科医に診てもらうことを勧めた。

The doctor recommended that his patient see that surgeon.
（The doctor：S／recommended：V（提案・要求・命令）／that：that／his patient：S'／see：動詞の原形）

The doctor ______________________________ that surgeon.

Hints!

入試頻出の重要構文。繰り返し声に出すなどして，しっかり覚えるとよい。(4) は動詞の過去形に，(5) は動詞の原形に注意すること。

ドリル 1 **2** 3 4

(1)～(3) は与えられた英文を参考にしてifの省略による倒置の文に，(4)・(5) は日本語の意味になるように，下線部を埋めましょう。

134

□ (1) 仮に本当のことを彼に言ったら，彼はショックを受けるだろう。
If I were to tell him the truth, he would be shocked.

______________ him the truth, he would be shocked.

□ (2) もしそのダムがなければ，私たちは困ることになるだろう。
If it were not for the dam, we would be in trouble.

______________ the dam, we would be in trouble.

□ (3) そこに石油がなかったなら，その紛争は起きなかったかもしれない。
If it had not been for oil there, the conflict might not have broken out.

______________ oil there, the conflict might not have broken out.

If it had not been for *A* の if が省略された形。／conflict 名紛争／break out （戦争・火事・病気の流行などが）起こる

□ (4) Ryo はそろそろ自分の将来について真剣に考えていいころだ。

It is about time Ryo ________ about his future seriously.

「考えていいころだ」は，（つまり）現時点ではまだ「考えていない」ということ。think「考える」は事実と異なるので仮定法になる。

Chapter 10

□ (5) Kate は彼に，自分が日本に引っ越して一緒に住むことを提案した。

Kate suggested to him that she ________ to Japan to live together.

解 答

(1) Were I to tell
(2) Were it not for
(3) Had it not been for
(4) thought
(5) move ▶解答になっている V' は V (suggested) の時制にかかわらず動詞の原形。should move とも言える。

ドリル 1 2 **3** 4

(1)～(5) の(　)内の語句を並べ替え，英文を完成させましょう。文頭の語は大文字で始めること。

135

□ **(1)** 明日世界が終わるとしたら，何をしたいですか。

(to / the world / were / end) tomorrow, what would you want to do?

______________________ tomorrow, what would you want to do?

□ **(2)** もし水がなければ，動物は生きられないだろう。

No animals could live (for / it / water / not / were).

No animals could live ______________________.

□ **(3)** 彼女のサポートがなかったなら，私は今成功していないだろう。

(not / it / for / had / been) her support, I wouldn't be successful now.

______________________ her support, I wouldn't be successful now.

□ **(4)** 我々はとうにその問題を真剣に議論してよいころなのだが。

It is (we / high / discussed / time) the problem seriously.

It is ______________________ the problem seriously.

□ **(5)** Tanaka 先生は彼女にそれをもっと慎重に考えることを提案した。

Mr. Tanaka suggested (consider / she / that / to her) it more carefully.

Mr. Tanaka suggested ______________________ it more carefully.

解答

(1) (Were the world to end) tomorrow, what would you want to do?

(2) No animals could live (were it not for water).

(3) (Had it not been for) her support, I wouldn't be successful now.

(4) It is (high time we discussed) the problem seriously.

(5) Mr. Tanaka suggested (to her that she consider) it more carefully.

▶「A に…してはどうかと提案する」は suggest to *A* that S' (should) *do*... の語順になる。to *A* の位置に注意。

ドリル 1 2 3 **4**

(1)～(5) の下線部を埋めて，英文を完成させましょう。

136

□ (1) 万一ご質問がございましたら，遠慮なくご連絡ください。

Should ________________________________, feel free to contact me.

□ (2) 音楽がなければ，世界は退屈になるだろう。

Were ________________________________, the world would be boring.

□ (3) この国に石油がなかったなら，その戦争は起きなかっただろう。

Had ________________________________

________________________________, the war wouldn't have broken out.

□ (4) 僕たちはそろそろ寝る時間だよ。 （we を使って）

It ________________________________.

□ (5) Snow 先生は自分の患者（patient）が別の病院に行くことを勧めた。 （that を使って）

Dr. Snow ________________________________ another hospital.

Chapter 10

解答

(1) Should you have any questions, feel free to contact me.

(2) Were it not for music, the world would be boring.

(3) Had it not been for oil in this country, the war wouldn't have broken out.

(4) It is (about) time (that) we went to bed.

(5) Dr. Snow recommended [advised] that his [her] patient (should) go to another hospital.

4 ››› 強調・倒置

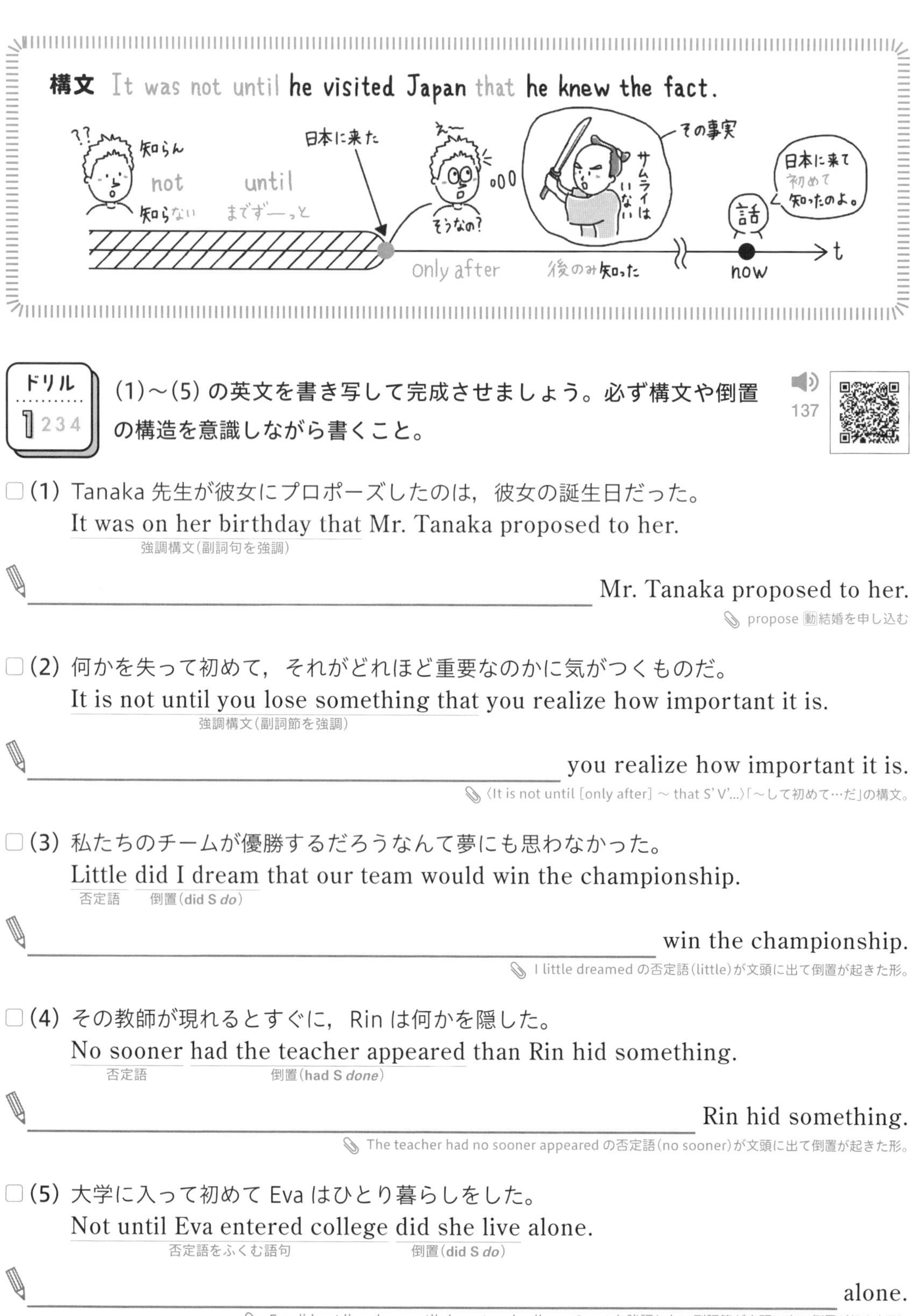

ドリル 1 2 3 4

(1)～(5) の英文を書き写して完成させましょう。必ず構文や倒置の構造を意識しながら書くこと。

137

□ (1) Tanaka 先生が彼女にプロポーズしたのは，彼女の誕生日だった。

It was on her birthday that Mr. Tanaka proposed to her.

強調構文（副詞句を強調）

＿＿＿＿＿＿＿＿＿＿＿＿＿＿＿＿ Mr. Tanaka proposed to her.

propose 動 結婚を申し込む

□ (2) 何かを失って初めて，それがどれほど重要なのかに気がつくものだ。

It is not until you lose something that you realize how important it is.

強調構文（副詞節を強調）

＿＿＿＿＿＿＿＿＿＿＿＿＿＿＿＿ you realize how important it is.

〈It is not until〔only after〕～ that S' V'...〉「～して初めて…だ」の構文。

□ (3) 私たちのチームが優勝するだろうなんて夢にも思わなかった。

Little did I dream that our team would win the championship.

否定語　倒置（did S *do*）

＿＿＿＿＿＿＿＿＿＿＿＿＿＿＿＿ win the championship.

I little dreamed の否定語（little）が文頭に出て倒置が起きた形。

□ (4) その教師が現れるとすぐに，Rin は何かを隠した。

No sooner had the teacher appeared than Rin hid something.

否定語　倒置（had S *done*）

＿＿＿＿＿＿＿＿＿＿＿＿＿＿＿＿ Rin hid something.

The teacher had no sooner appeared の否定語（no sooner）が文頭に出て倒置が起きた形。

□ (5) 大学に入って初めて Eva はひとり暮らしをした。

Not until Eva entered college did she live alone.

否定語をふくむ語句　倒置（did S *do*）

＿＿＿＿＿＿＿＿＿＿＿＿＿＿＿＿ alone.

Eva did not live alone until she entered college. の not と強調したい副詞節が文頭に出て倒置が起きた形。

Hints!

not until 節や only after 節が文頭に出る倒置の場合，その節内では倒置が起きないことに注意。倒置はその副詞節が終わったあとの主節で起きる。

ドリル 1 2 3 4

(1)～(5) の英文が日本語の意味になるように，(　) 内の指示に従って与えられた英文を書きかえましょう。

138

□ (1) それを解決しなくてはならないのは，老人ではなく若者だ。（下線部を強調した文に）
Not the elderly but the young must solve it.

It ________________________________ must solve it.

not *A* but *B*　A ではなく B／the elderly　高齢者，老人

□ (2) 彼は日本を訪れて初めて，その事実を知った。（下線部を強調した文に）
He did not know the fact until he visited Japan.

It ________________________________ he knew the fact.

did と know は倒置後の文では，過去形 knew になる。

□ (3) こんなに大きな犬を見たことがないから怖いよ。（下線部を文頭に出した文に）
I have never seen such a big dog, so I'm scared.

________________________________ such a big dog, so I'm scared.

scared 形 おびえた，びっくりした

□ (4) Ken は Lisa を見てすぐに，恋に落ちた。（下線部を文頭に出した文に）
Ken had hardly seen Lisa when he fell in love.

________________________________ Lisa when he fell in love.

□ (5) 彼女は 15 歳になって初めて，ハンバーガーを食べた。（下線部を文頭に出した文に）
She had a hamburger only after she was 15 years old.

________________________________ a hamburger.

文頭に出た副詞節(only after ... years old)内に倒置は起きない。

解答

(1) is not the elderly but the young that [who]　▶ is not は縮約形 isn't も可。

(2) was not until he visited Japan that　▶ that の前に not と強調したい副詞節を置く。was not は縮約形 wasn't も可。

(3) Never have I seen　▶ Never のあとが have I seen ～ の倒置。

(4) Hardly had Ken seen　▶ Hardly [Scarcely] had S *done* ～ when [before] S' + 過去形 ...「S が～するとすぐに S' が…した」

(5) Only after she was 15 years old did she have　▶ Only after ～ old のあとが did she have の倒置。

Chapter 10

(1)～(5)の(　)内の語句を並べ替え，英文を完成させましょう。

□ (1) 幸福をもたらすのは，君が持っているものではなく，君が与えるものだ。

It is not (that / what you give / what you have / but) brings happiness.

It is not ________________________________ brings happiness.

□ (2) 僕は彼女と結婚して初めて，その事実を知った。

It was (to her / that / I got married / only after) I knew the fact.

It was ________________________________ I knew the fact.

□ (3) それほど多くの人がマスクをしているのをそれまで見たことがなかった。

Never (so many people / seen / I / wearing / had) masks until then.

Never ________________________________ masks until then.

□ (4) 私が眠りに落ちるとすぐに地震が起きた。

No (I / sooner / fallen asleep / had / than) the earthquake occurred.

No ________________________________ the earthquake occurred.

□ (5) 私はその本を読んで初めて，本当のことを知った。

Not (did / I / read / until / the book) I know the truth.

Not ________________________________ I know the truth.

解答

(1) It is not (what you have but what you give that) brings happiness. ▶「AではなくB」は not *A* but *B* で表す。

(2) It was (only after I got married to her that) I knew the fact.

(3) Never (had I seen so many people wearing) masks until then.

(4) No (sooner had I fallen asleep than) the earthquake occurred.

(5) Not (until I read the book did) I know the truth.

▶ Not until S' V' ... 節の大きな副詞のまとまりが否定の働きをしており，この節のあとで倒置が起きる。副詞節内に倒置が起きるのではないので，until did I read the book は NG。

ドリル 1 2 3 **4**

(1)～(5) の下線部を埋めて，英文を完成させましょう。

140

□ (1) 世界を変えられるのは，老人(the elderly)ではなく若者(the young)だ。

It ________________________________ can change the world.

□ (2) 彼女は日本を訪れて初めて，忍者は存在しないと知った。

It was ________________________________ ninja don't exist.

□ (3) 私があのハリウッドスターと話ができるなんて，夢にも思わなかった。

Little ________________________________ with that Hollywood star.

□ (4) その教師が現れるとすぐに，Rin は結婚祝いを隠した。

Hardly ________________________________ Rin hid the wedding gift.

□ (5) より多くのことを学んで初めて，自分がどれほど知らないのかを知る。

(learn を使って)

Not ________________________________

________________________________ how much you don't know.

Chapter 10

解 答

(1) It is not the elderly but the young that [who] can change the world. ▶is not は縮約形 isn't も可。

(2) It was not until [only after] she visited Japan that she knew [got to know / learned] ninja don't exist.

(3) Little did I dream (that) I could talk with that Hollywood star.

(4) Hardly had the teacher appeared when [before] Rin hid the wedding gift.

(5) Not until you learn more (things) do you know [realize] how much you don't know.

入試実戦演習 ❹ 大学入試問題にチャレンジ！

1 (　)内に入る最も適切なものを選びましょう。

□ (1) My neighbor's cat is more than (　　) mine. 〈金城学院大〉

① as large twice of　② twice as large as

③ twice large of　④ two times large

______

□ (2) If he had won the contest, he (　　) famous now. 〈武蔵大〉

① is　② was　③ will be　④ would be

______

□ (3) It's time that you (　　) to bed, John. 〈学習院大〉

① are going　② have gone　③ went　④ will go

______

□ (4) I suggested that he (　　) the application immediately. 〈愛知工業大〉

① will submit　② submits　③ submit　④ submitted

______

□ (5) (　　) arrived at the hotel than he took a shower. 〈関西学院大〉

① No sooner had he　② No sooner he

③ He no sooner　④ He sooner

______

2 (　)内の語句を並べ替え，英文を完成させましょう。

□ (1) The older you get, (become / more likely / the / to / you are) stubborn. 〈自治医科大〉

The older you get, ______ stubborn.

□ (2) Had (for / not / been / it) the spread of the disease, I would have taken a trip to Hawaii. 〈名古屋学院大〉

Had ______ the spread of the disease, ...

解答・解説

解答

1 (1) ② (2) ④ (3) ③ (4) ③ (5) ①

2 (1) the more likely you are to become (2) it not been for

解説

1

(1) 倍数表現〈Ⓐ ... X 倍＋as＋原級＋as Ⓑ〉（▶❾-1 p.144）の問題。more than twice「2 倍以上」が as large as の前にくることになる②が正解。

(2) 仮定法の混合パターン If S' had *done*..., S would *do*... now「もし S' が…だったなら，（現在）S は…するだろう」（▶❿-1 p.158）の問題。now がヒント。would be の④が正解。

(3) 仮定法の重要構文（▶❿-3 p.166）の問題。It is (about) time (that) S' 過去形 ...「（そろそろ）S' は…してよいころだ」を見抜く。過去形の③が正解。

(4) 〈S V（提案・要求・命令）that S' *do*...〉の形をとる表現（▶❿-3 p.166）の問題。「提案する」の意味の suggest は S suggest (to *A*) that S' *do*... で用いる。that 節内の動詞は動詞の原形（または should *do*）になるので，③が正解。

(5) 倒置（▶❿-4 p.170）の問題。〈No sooner had S *done*... than S' ＋過去形 ...〉「S が…するとすぐに S' が…した」の重要構文を見抜く。①が正解。

2

(1) 〈the＋比較級 ～，the＋比較級 ...〉「～すればするほど…だ」（▶❾-3 p.152）の問題。S *be* likely to *do*... の形容詞 likely が比較級 more likely になり，the を伴って the more likely S *be* to *do*... になると考える。全文は The older you get, the more likely you are to become stubborn. となる。

(2) If it had not been for *A*「もし A がなかったならば」（▶❿-2 p.162）の if が省略されて倒置が起きた Had it not been for *A* の表現（▶❿-3 p.166）を見抜く。全文は Had it not been for the spread of the disease, I would have taken a trip to Hawaii. となる。

和訳

1
(1) 私の隣人の猫は，私の猫の 2 倍以上大きい。
(2) 彼がそのコンテストに勝っていたなら，今ごろ彼は有名だろう。
(3) John，もう寝る時間だよ。
(4) 私は，彼が申込書を即座に提出してはどうかと提案した。
(5) 彼はホテルに着くとすぐにシャワーを浴びた。

2
(1) 年をとればとるほど，頑固になる可能性は高くなる。
(2) その病気の蔓延（まんえん）がなかったなら，私はハワイ旅行をしただろう。